© Tobias Beck, 2018
© Gabal Verlag, 2018
© Buzz Editora, 2025

Primeira publicação por Gabal Verlag.
Direitos de tradução negociados por Sandra Bruna Agência Literária, SL.
Todos os direitos reservados.

TÍTULO ORIGINAL *Unbox Your Life! BEWOHNERFREI®: Das Geheimnis Für Deinen Erfolg*
PUBLISHER Anderson Cavalcante
COORDENADORA EDITORIAL Diana Szylit
EDITOR-ASSISTENTE Nestor Turano Jr.
ANALISTA EDITORIAL Érika Tamashiro
ESTAGIÁRIA EDITORIAL Beatriz Furtado
PREPARAÇÃO Antonio Castro
REVISÃO Tatiana Custódio e Lavínia Neres
PROJETO GRÁFICO Estúdio Grifo
ASSISTENTE DE DESIGN Letícia de Cássia
ILUSTRAÇÃO DE CAPA nadia_bormotova/iStock

Nesta edição, respeitou-se o novo Acordo Ortográfico da Língua Portuguesa.

Dados Internacionais de Catalogação na Publicação (CIP)
(Câmara Brasileira do Livro, SP, Brasil)

Beck, Tobias
Sua opinião foi ignorada com sucesso: Assuma o protagonismo da sua vida / Tobias Beck
Tradução: Thiago Venturott
1ª ed. São Paulo: Buzz Editora, 2025
192 pp.

Título original: *Unbox your life! BEWOHNERFREI®: Das Geheimnis für deinen Erfolg*
ISBN 978-65-5393-463-4

1. Atitude (Psicologia) 2. Autoestima 3. Felicidade 4. Sucesso I. Venturott, Thiago II. Título.

Índice para catálogo sistemático:
1. Autoconhecimento: Crescimento pessoal: Conduta de vida

Eliete Marques da Silva, Bibliotecária, CRB 8/9380

Todos os direitos reservados à:
Buzz Editora Ltda.
Av. Paulista, 726, Mezanino
CEP 01310-100, São Paulo, SP
[55 11] 4171 2317
www.buzzeditora.com

Tobias Beck

Sua opinião foi ignorada com sucesso

Assuma o protagonismo da sua vida

TRADUÇÃO Thiago Venturott

Prólogo

"A companhia aérea sempre atrasa neste trajeto." Olho confuso para meu companheiro de assento e miro seus olhos cansados. Estou sentado há apenas um minuto. Nunca vi essa pessoa ao meu lado, mas a sua frase faz com que eu chame pela aeromoça no mesmo instante. Você vai se perguntar o porquê disso, mas eu gostaria de te devolver uma outra pergunta: você também conhece pessoas para quem tudo é sempre horrível e dramático? Pessoas que procuram por cabelo na sopa e para quem no verão faz muito calor e no inverno, muito frio? Para quem o clima nunca está bom o suficiente e o dia está de pronto arruinado? Pessoas que se arrastam por aí, e quando as encontramos toda nossa energia vital se esvai?

Você sabe o que quero dizer? Maravilha. E sabe como chamo essas pessoas? Então preste atenção: aperto o botãozinho sobre o meu assento e a aeromoça aparece. Ela me pergunta o que aconteceu. "Um parasita está sentado a meu lado", respondo a ela, em choque. "Um o quê?" "Um parasita", revido, sem franzir o cenho. Logo depois consigo um novo assento.

Por que faço esse esforço? Porque senão meu companheiro de assento teria usado todo o trajeto de Frankfurt a Munique para me contar sobre sua vida extremamente árdua. É exatamente isso que fazem "parasitas" — e com grande entusiasmo! Você conhece essas situações em que preferiria mandar seu interlocutor ir catar coquinho — na esperança de que o problema se resolvesse sozinho? Descobri a melhor maneira de manter esses indivíduos desagradáveis afastados — e você pode fazer o mesmo com os parasitas que encontrar no futuro!

Sejamos claros: o que exatamente são parasitas? Parasitas buscam no Google por doenças quando ficam entediados. Parasitas vivem de acordo com o calendário lunar e colocam a culpa no clima quando estão aflitos com algo. Parasitas se aborrecem com o fato de que não se pode girar o quadrado no Tetris. Quando parasitas falam sobre objetivos, se referem ao fim do expediente. Quando falam sobre objetivos de longo prazo, se referem ao fim de semana — e então se aborrecem mais uma vez, agora com o fato de que falta um dia entre sábado e domingo.

Por si só, não seria problema algum o fato de que essas pessoas estejam sempre se lamentando; o problema é que elas têm um hábito irritante: elas falam! Falam, por exemplo, sobre a vez em que um primo de terceiro grau por parte de mãe bateu o dedinho do pé no tonel de chuva. E você sabe por que essas pessoas fazem isso? Elas estão o tempo todo em busca de atenção e reconhecimento. Mas eis o problema com a atenção: "Quanto maior a atenção dada a um assunto, maior ele se torna", e não à toa. Gosto de comparar isso ao movimento de um leque. Imagine que você está abanando uma fogueira com um pedaço de papelão. O que acontece? A área a que você dedica a sua atenção fica cada vez maior.

É o que acontece entre você e os parasitas. Essa espécie se propaga ao falar com você. E sabe qual a consequência de direcionar atenção demais a parasitas? Isso mesmo, você próprio se torna um deles! É isso o que você quer? Decerto não. E é exatamente por isso que escrevo este livro. Quero que você e eu vivamos num mundo em que haja menos pessoas reclamando do buraco do donut. É que a maioria das pessoas que encontro querem, no fundo, ser: felizes e bem-sucedidas. E eu não tenho uma fórmula secreta para isso. Mas há mais de quinze anos trabalho com o que realmente torna as pessoas bem-sucedidas. E todas elas têm uma coisa em comum: elas levam uma vida sem... Bem, você tem alguma ideia? Sem parasitas!

Este livro conta uma viagem colorida. É um relato de meus encontros com parasitas, formigas, diamantes e superestrelas. De como eu encontrei minha paixão e de como você também pode encontrar a sua. Não me vejo como uma das pessoas mais bem-sucedidas. Mas me sinto rico interiormente. Porque posso viver a minha paixão e passar adiante um pedaço dela para ajudar as pessoas lá fora a obterem sucesso. Se você quiser fazer parte disso, faz bem em estar aqui. Desejo a você muita alegria com este livro.

NEURÔNIOS-
-ESPELHO

Ter sucesso é muito fácil. Como seria se eu te dissesse que você tem a chave para isso bem diante dos olhos? Sim, literalmente! Olhe à sua volta: Com quem você convive? Com quem trabalha? Seu ambiente é cheio de energia positiva? Com quem você passa o seu tempo livre? Esse é provavelmente o ponto mais importante de todos. Escreva abaixo o nome das cinco pessoas com quem você passa a maior parte do tempo.

QUEM SÃO ELAS E QUAIS CARACTERÍSTICAS ESPECIAIS TÊM?

1
....
2
....
3
....
4
....
5
....

Isso me leva à minha primeira tese importante: tenho certeza absoluta de que o seu objetivo e a sua busca por sucesso são diretamente influenciados por essas pessoas. Difícil de acreditar, mas é exatamente assim. Somos, por assim dizer, quase que a soma das cinco pessoas de que nos cercam na maior parte do tempo. Mas como se pode justificar isso — por que é assim? É que nosso cérebro inventou algo muito fascinante: Os seus neurônios-espelho.

Esses maravilhosos instrumentos ficam bem atrás dos nossos olhos, e uma coisa eu te garanto (mesmo que nunca tenha me divertido com seus neurônios-espelho): eles veem tudo! E há um pano de fundo cientificamente fundado para isso. Neurônios-espelho são células nervosas que, ao observarem uma situação, liberam padrões de sentimento e atividade semelhantes, como se você próprio vivenciasse a situação. Não é impressionante? O exemplo mais evidente da existência dessas células é decerto o famoso "fenômeno do bocejo", pelo qual todos já passaram: quando alguém boceja perto de você no metrô ou no carro, o mesmo padrão se desencadeia em você, e não há outra alternativa senão também bocejar deliciosamente. Vai haver quem, até mesmo agora, durante a leitura, se sentirá tentado. E você, já sente algo? Sim? Então tudo está funcionando perfeitamente em você.

Ora, e o que isso significa para a sua vida? No trabalho, você observa diariamente os seus colegas irritados, que só se lamentam sobre os pedidos de férias e sobre as mesas mal planejadas e não ergonômicas? Você assiste todas as noites ao seu infeliz amigo parasita, que de cara precisa de três cervejas para conseguir lidar com o mundo e tudo ao redor? O que será que acontece no seu cérebro? Exato! Seus neurônios-espelho registram os modelos observados instintivamente, e o que mais querem fazer é afogar a si mesmos na quarta cerveja do seu colega.

Nossos neurônios-espelho nos permitem não apenas estar presentes no comportamento (linguagem corporal, mímica etc.) das pessoas ao nosso redor, como se fosse parte de nossa própria vida; mas também fazem com que imitemos as pessoas em nosso meio. Você simplesmente não tem outra escolha! Você emula, sem saber, o comportamento do mundo à sua volta. E isso também tem suas vantagens. Antigamente, na Idade da Pedra, isso fazia todo o sentido e possibilitou que as pessoas sobrevivessem. Quem se comportasse de maneira diferente do grupo, contava com morte certa. Hoje não se trata mais — ao menos na maior parte das vezes — de sobrevivência. No entanto, os cientistas concordam que nosso cérebro pouco mudou nos últimos milênios. Nossa central de controle na cabeça ainda tem, antes de tudo, a mesma missão principal: proteger-se do perigo! Sua massa cinzenta prefere que tudo permaneça como está e entende que o melhor é que você não se atreva a sair muito da caverna, pois lá já está ele à espreita: o perigo.

Mas o que tudo isso tem que ver com a nossa vida aqui e agora? Seja sincero: eu conseguiria falar várias coisas sobre você depois que conhecesse os seus cinco melhores amigos? Eu saberia ao menos algo sobre a sua renda, os seus hobbies, se você lê livros e, se sim, quais. Se você prefere ligar a "máquina aniquiladora de renda" — também conhecida como televisão — ou frequentar palestras, para continuar se aprimorando. Vocês vão se vestir de forma parecida e partilhar um estilo de vida comum. A pergunta sobre o tabagismo e o consumo de álcool também tem a ver com essas cinco pessoas. Por quê? Por causa dos neurônios-espelho! Neles ocorre um processo inconsciente de imitação e adaptação. Há, quanto a isso, uma bela anedota: Nunca te saltou aos olhos que a maioria dos cães são idênticos a seus donos? E quem é que escolhe quem aqui?

Consigo imaginar perfeitamente como você agora, lendo, franze o cenho estressado — como você, febril, revisita a lista das pessoas com quem passa a maior parte do tempo. Mas está tudo bem, pode ter certeza de que você não é o primeiro que se pergunta por que ninguém havia chamado a sua atenção para esse fato até hoje.

Como diz o ditado: Diga-me com quem andas, e eu te direi quem és. Já era assim na escola. Lá se formavam grupos bem definidos. Havia os atléticos, os artistas, os estudiosos etc. Nunca te saltou aos olhos à época que os membros desses grupos se vestiam similarmente e têm condutas similares? Isso vale, a propósito, para todos os grupos que passam muito tempo uns com os outros. E isso me leva de volta ao início deste capítulo: as pessoas em seu ambiente são, em grande medida, responsáveis pelo seu sucesso ou fracasso.

O essencial é ter uma ideia realista do ambiente ao seu redor. A verdade é que situações extremamente desequilibradas são raras. Presumo que nem todos os seus amigos sejam atléticos, descontraídos e financeiramente independentes, interlocutores divertidos, sempre equilibrados e, ainda por cima, conscientes de si mesmos. Isso é perfeitamente normal. Também assumo que seus "best five" não são fumantes obesos, cuja visão de mundo é inteiramente baseada em tabloides e websites com teorias da conspiração. Senão presumo que você nem estaria com este livro em mãos. Uma coisa é certa: pessoas gostam de pessoas que lhes são similares. Alguém terá recomendado este livro a você ou mesmo dado de presente. E para esse amigo você é provavelmente uma de suas cinco pessoas, com a qual ele quer, futuramente, deixar uma marca no universo. A esse amigo você deve ater-se e, ao fazê-lo, tomar uma decisão clara para a sua vida. Minha esposa, Rita, e eu já fizemos isso. Decidimos só permitir em nossas vidas pessoas que nos ponham para cima, e não para baixo. É que a área problemática muitas vezes se encontra, infelizmente, bem atrás da testa, por vezes até mesmo ao seu lado na cama. Mas ainda chegaremos a isso.

O que isso significa concretamente para você? Se você realmente quer ser bem-sucedido, vá atrás das pessoas certas, que alimentem a sua cabeça e os seus neurônios-espelho. Se quer emagrecer, então deveria procurar pessoas que por "esporte" não entendam bolar cigarros.

PARASITAS
Vampiros sem sangue e com grande apetite

Quem nunca passou por isso: é segunda-feira de manhã, e você está cheio de energia e boas expectativas para a semana, mas assim que olha para a face sem sangue dos seus colegas parasitas, perde na mesma hora o bom humor e a sua motivação. Se você estiver farto disso e realmente quiser ser bem-sucedido, então precisa cercar-se de pessoas que, ao adentrarem um cômodo, façam a luz acender e não mais se apagar — por causa dos neurônios-espelho! Eles são o seu maior tesouro e extremamente sensitivos. Portanto, guarde-os e proteja-os. Senão você próprio se torna, mais cedo ou mais tarde, um parasita.

Quando penso em parasitas, tenho uma imagem específica em mente: é o tipo de pessoa que só está presente fisicamente. No interior, essas pessoas já estão mortas, mas ainda não sucumbiram, para que possam reclamar ainda mais em seu próprio enterro. Vampiros, por assim dizer. Alguns nomes vêm à sua cabeça? Então anote-os já! Porque é isto que eles são: os PARASITAS na SUA vida!

Quanto a isso, quero compartilhar uma história com você:

"Tobi", disse Rita, e acariciou minha mão com carinho. "Aonde estamos indo só há pessoas normais. Elas não sabem o que você faz profissionalmente nem querem que você seja o coach pessoal delas. Vamos ter uma noite agradável, por favor, e se for demais para você, podemos ir rapidinho para a sacada, tudo bem?" Estávamos a caminho da festa de um colega da minha esposa que comemorava seus trinta anos. Antes de ir com ela a qualquer lugar onde ninguém me conhece, sou posto sentado no sofá e recebo um briefing sobre como devo me comportar em público.

Quanto a uma coisa você pode acreditar em mim: eu sempre faço o maior dos esforços para não desobedecer a essas regras. Funciona perfeitamente em alguns dias, mas esse dia com certeza não era o caso. Você já esteve numa dessas festas em que, apesar da sala de estar de 40 m², todos os convidados se apinham numa cozinha de 5 m²? Pois bem, era uma dessas! Tive um mau pressentimento quando algumas pessoas me encararam irritadas, depois que eu, radiante de alegria, desejei a todos os presentes uma "maravilhosa e agradável noite". Aqui e ali um sorriso tímido, lá um meneio de cabeça. "Opa, não está nada bem", pensei. "Querida", sussurrei irritado, "este é o aniversário de trinta anos de um colega ou o banquete funerário para um tio rico que eu não conheço?" Rita me deu um empurrão, com um sorriso, em direção à salada e aos pratos descartáveis.

Enquanto me servia do banquete funerário... Desculpe, dos aperitivos da festa, alguém ao lado me disse: "Você precisa ter um pouco de cuidado. Estive no médico na semana passada e precisei retirar um gânglio do pé. Ainda está sangrando. Só para que você não pise nele." Em sua voz e sua linguagem você vai reconhecê-los, já diziam os antigos filósofos. Pessoas fracassadas falam sobre problemas e maldizem outras pessoas — pessoas bem-sucedidas falam sobre ideias e objetivos.

E lá estava à minha frente um homem que se definia por suas doenças: um parasita! Os cabelos da minha nuca ficaram imediatamente em pé e minhas mãos molhadas de suor. Passei a ter uma reação corporal diante de parasitas. E como não havia nenhuma bebida com bastante gelo ao meu alcance para congelar meus neurônios-espelho nessa emergência, recorri à minha derradeira frase antiparasitas: "Para esta conversa eu não estou disponível", disse de forma amigável, com um sorriso. Sinceramente? Uma festa com salada? Isso eu posso deixar passar tranquilamente, por amor à minha esposa. Mas parasitas no meu tempo livre? Não, nisso eu não aceito. Nunca!

Rita tinha me lançado ainda um olhar suplicante, enquanto de toda parte pairava sobre mim um turbilhão de solidários "Ohs" e "Ahs." Toda a atenção da cozinha passou a concentrar-se no parasita da festa e em seu pé. E o espetáculo de tirar o fôlego ainda prosseguiu. Agora todo mundo queria ser mais doente que o outro, ou ao menos conhecia alguém que estava pior. Isso não era um aniversário de trinta anos! Era um massacre sangrento de neurônios-espelho, incluindo sórdida patologia — e eu, banhado de suor, metido no meio.

1. "Esta é mesmo uma festa legal e eu também estaria me divertindo, mas minhas dores no pé pioraram na semana passada."
2. "Eu também já tive algo no pé. Realmente doía muito!"
3. "Vocês não vão acreditar no que eu já tive no pé! Vocês precisam ouvir!"
4. "Minha nossa, agora também estou percebendo o que tenho no pé..."

Olho à minha volta na cozinha, à procura de ajuda, e descubro à porta da geladeira uma caneta, com a qual escrevi transversalmente na porta "0800-1110111". Para que esse número? Na Alemanha, é o telefone da assistência psiquiátrica. Você está rindo, mas foi exatamente isso o que aconteceu — eu não aguento mais! Eu não posso infligir isso a meus valiosos neurônios-espelho, e ainda menos no meu tempo livre.

Aqui estamos num ponto importante. Muitos parasitas têm um hobby acentuado. Eles adoram se ocupar de doenças. Você também conhece esse tipo de pessoa que às segundas tem dor nas costas; às terças, de dente; às quartas, de barriga; às quintas, de cabeça? Esses esplêndidos espécimes já estão na sua lista de nomes? Se não, acrescente-os. Já há até mídias que se especializaram nesses parasitas. "Rentnerbravo" te diz alguma coisa? Estou me referindo a *Apotheken Umschau* e folhetos semelhantes.* Essa revista, distribuída gratuitamente, tem, acredite ou não, 20,03 milhões de leitores (2015). Vinte milhões de pessoas que se ocupam duas vezes ao mês com informações sobre doenças e seus sintomas. São elas que poderiam citar vinte tipos diferentes de dor de cabeça quando você acorda durante a noite. E para cada tipo há, claro, um remédio extra. Há ramos da economia que vivem inteiramente de parasitas.

Você precisa prestar atenção em você e seus neurônios-espelho como um lince. Isso não é tão fácil, e eu mesmo não consigo fazê-lo sempre. Uma pequena história a respeito: na primavera, voltei para casa de uma viagem internacional, esgotado por conta de uma palestra de uma grande marca de moda. No aeroporto, fui direto a uma farmácia, para comprar algo para um resfriado incipiente. Após ter sido amigavelmente atendido, me despedi da farmacêutica, que me perguntou: "Você conhece o jornal dos ácaros?" "O quê?", perguntei, confuso. "O jornal dos ácaros!", respondeu a senhora, num branco intimidante. "Você tem filhos? Você mora numa região epidêmica." "Numa região o quê?", me perguntei, e meus cansados e constipados neurônios-espelho já tinham se identificado completamente com a leitura dessa maravilhosa revista. O trabalhador do aeroporto sentado à minha frente encarava incrédulo a capa.

---

* A *Apotheken Umschau*, fundada em 1956, é uma revista alemã de saúde que se distribui em farmácias até hoje. Seu conteúdo é voltado para os clientes, e não é cientificamente acurado. "Rentnerbravo", algo como "o bom para aposentados", é uma designação jocosa que a revista frequentemente recebe nas mídias. (N.T.)

Lá estava eu, me ocupando com ácaros pela primeira vez na vida, os quais, como então aprendi, são pertencentes à família dos aracnídeos. Essas criaturas, que se propagam constantemente, ficam à espreita em cada arbusto e seu único objetivo de vida é cravar os dentes em nós, para, conforme o jornal dos ácaros, nos matar de uma meningite. Isso teria ocorrido 234 vezes na Europa. Para mim, uma coisa estava, de supetão, clara: meu agir ingênuo estava fadado ao fim — pela única razão de proteger meu filho pequeno. A cidade de Hesse estava, ainda por cima, pintada de vermelho no mapa. Vermelho! Isso quer dizer muitos ácaros. Continuei a folhear o jornal, em pânico. Deve haver uma solução para isso! Na última página, enfim encontrei-a: se você aplicar duas vezes ao dia o maravilhoso spray antiácaros nos tecidos, por 29,99 euros, os bichos não vão te incomodar.

Exatos dezessete minutos após a compra do produto para resfriado na farmácia do aeroporto entrei, em pânico, numa filial dessa mesma rede na estação central. "Um spray para ácaros", me ouvi tossir. "Com prazer", disse o clone da farmacêutica do aeroporto (mais uma vez os neurônios-espelho me pegaram, pois as farmacêuticas tinham de alguma forma um aspecto semelhante). Duas horas mais tarde eu estava sentado em casa, com as persianas abaixadas, borrifado e fedendo à mesa, porque, como você sabe, quanto mais, melhor. "Tobi, mas que diabos aconteceu?", perguntou minha esposa. "Por que você baixou as persianas em plena luz do dia?" "Estamos em guerra, querida. Duzentos e trinta e quatro europeus morreram terrivelmente", sussurrei em pânico.

Eis agora uma das razões por que amo tanto a minha esposa. Ela pegou em absoluta calma uma calculadora de bolso e dividiu o número 500 milhões por 234. O risco de morrer por uma mordida de ácaro na Europa é, de acordo com seus cálculos, um em mais de dois milhões. Subi tranquilo as persianas e joguei o frasco de remédio no lixo. É realmente necessário prestar atenção ao que você deixa se aproximar de você. Pense bem nos livros de que se ocupa, nas mensagens que lê e nos programas a que assiste. À minha tia Hildegard, por exemplo, nem se precisa perguntar como vai: Isso está, afinal, na previsão do tempo! No Norte, todos têm hoje dor nos dentes; no Sul, nas costas; no Oeste, alergia.

LISTE AQUI CINCO MÍDIAS PARASITAS QUE VOCÊ CONSOME OU CONSUMIA:

1 ....

2 ....

3 ....

4 ....

5 ....

Uma coisa com certeza ficou clara: você deveria passar a menor quantidade de tempo possível com parasitas e suas mídias alarmistas. Eles roubam, ainda por cima, suas valiosas "micropartículas de vida" azuis, que você nunca mais recobra. Mas o que isso quer dizer agora?

    Quanto às micropartículas, tenho uma história pessoal. Rita e eu estávamos, há alguns anos, viajando no Sul da Índia e demos de cara com um local sagrado. Lá, há um grupo de pessoas que fizeram do engrandecimento pessoal o seu objetivo de vida. Elas ajudam a comunidade e distribuem livros que tratam de desenvolvimento pessoal pelas ruas. Depois que havíamos começado a conversar com o grupo, eles nos levaram a um templo. Lá havia uma enorme pintura na parede, que contava ao observador a seguinte história.

Quando vimos ao mundo, estamos cheios de pequenos glóbulos azuis, chamados "*life source particles*", traduzidos livremente para "micropartículas de vida". Vampiros de energia — ou, para nós, "parasitas" — nutrem-se dessas micropartículas. Toda vez que entramos em contato com um parasita, um de nossos pequenos glóbulos torna-se parasita e está para sempre perdido. Quando crianças, temos muitíssimos glóbulos azuis e estamos repletos de entusiasmo e visões de vida. A quantidade de glóbulos é, no entanto, limitada, e, se pensarmos na quantidade de vezes que nos cercamos de pessoas com energia negativa, então reconhecemos que precisamos prestar atenção em nós e em nossos recursos. E: sempre que diminuímos a nós mesmos ou a uma outra pessoa, um desses glóbulos explode. Não surpreende, portanto, que algumas pessoas nos pareçam tão cansadas e abatidas. Seu estoque de micropartículas de vida provavelmente está esgotado.

QUÃO LONGA É A LISTA DE PARASITAS NO SEU AMBIENTE ATÉ AGORA? ESCREVA AQUI OS NOMES DAS CINCO PESSOAS QUE NÃO TE FAZEM BEM E QUE MAIS TE SUBTRAEM MICROPARTÍCULAS DE VIDA AZUIS:

1 ....

2 ....

3 ....

4 ....

5 ....

Passemos agora pela sua lista. Quem está nela? Amigos e conhecidos que sempre te fazem questionar por que depois de cada encontro você tem menos energia, em vez de mais? Nesses casos, você precisa agir prontamente. Elimine essas pessoas da sua vida ou, ao menos, restrinja ao máximo seu contato com elas. No mais: colegas, chefes? Claro! Em quase todo escritório há parasitas. "Mas, Tobi, é com essas pessoas que eu preciso trabalhar todos os dias! É óbvio que não posso eliminá-las sem mais nem menos. O que posso fazer?" Nesse caso, você deve olhar criticamente para o seu próprio comportamento: você ouve, fascinado, quando seu colega parasita reclama de toda novidade e é basicamente contrário a tudo? Então você carrega também uma parcela de culpa no fato de que isso sempre volta para você. Qual é a alternativa? Seja conscientemente o exemplo: expresse elogios e feedbacks positivos sempre em voz alta em vez de falar mal de ausentes na cozinha. Nunca se apresente como vítima, pois foi você quem escolheu o trabalho e, por consequência, os colegas. Se não te agrada, troque de departamento ou de firma. Ou melhor: torne-se independente dos demais e abra seu próprio negócio. Você é, então, um *high potential* que pode se propor um grandioso desafio.

Talvez também haja familiares na sua lista de parasitas. Esse é um desafio ainda maior, porque não podemos ficar completamente afastados dessas pessoas. Costuma ser importante entender o que todas essas pessoas almejam com a sua existência de parasita. Elas querem atenção e reconhecimento. Isso não é por si só algo ruim, pois todos temos, essencialmente, esse desejo dentro de nós. Mas algumas pessoas desenvolveram uma estratégia um tanto duvidosa para conseguir atenção e reconhecimento. Elas pensam que é mais fácil adicionar um fator de pena. E o que mais se apresenta aí senão uma constante lamentação como meio de estabelecer contato? Eu, pessoalmente, considero tudo isso cansativo demais e sigo um caminho completamente diferente:

quero atenção por minhas histórias positivas, quero reconhecimento por objetivos que alcancei. Não quero travar contato com pessoas que só reclamem junto comigo. Assim eu só conheço outros parasitas. E isso é um círculo vicioso.

Tenho mais uma história de parasita para você: Rita e eu estávamos num cruzeiro em que minha missão consistia em treinar os funcionários e deixá-los em forma para a próxima estação. Agora, seria de se pensar que esse trabalho é fácil, só que as companhias marítimas não levaram em conta os viajantes. Cada um tem a própria personalidade, e não se torna de repente outra pessoa. Você já consegue imaginar: parasitas de férias. Eles falam o ano todo sobre essa suposta "melhor época do ano". Finalmente uma razão oficial para não ir ao escritório! Mas, uma vez no local de férias — no caso, no navio —, passam a resmungar sobre toda e qualquer coisa. Eles discutem no convés, a plenos pulmões, sobre o fato de poderem ser ressarcidos em orgulhosos 19 euros pela agência de viagem, porque o navio atracou com dez minutos de atraso. Além disso, a comida está sempre fria e a luta pelas espreguiçadeiras é um pesadelo. E assim por diante...

Era num navio assim que ora nos encontrávamos, e buscamos refúgio no convés mais ao fundo, calmo, aonde raramente vão viajantes perdidos. Olho para o mar e observo uma gaivota que, sem bater as asas, plana sem o menor esforço pelo vento. Isso daria uma boa foto, pensei, puxei minha câmera, ajustei a lente e apontei para a gaivota. Antes que pudesse pressionar o botão, alguém à direita gritou: "Atenção, você precisa ter cuidado! Eles são perigosos, esses bichos. A gaivota vai fazer cocô na sua lente! Depois você nunca mais vai conseguir limpá-la!".

A gaivota e eu ficamos aterrorizados e encaramos os olhos de uma senhora amargurada e corpulenta que fora visivelmente marcada da vida. Há algumas pessoas de quem se pode perceber já nas rugas faciais que não têm nenhum senso de humor. Fiquei sem palavras e dei o fora, bem como a gaivota, para não precisar continuar falando com a senhora. Contei aos funcionários e à Rita a história, e demos boas risadas com o fato de que algumas pessoas até enjoam de tanto falar sobre a melhor época do ano e só veem o lado negativo em tudo.

Dois dias depois, nosso navio passou calmamente pelo Mediterrâneo enquanto relaxávamos tomando um café e olhando a piscina. Cerca de 600 pessoas estavam deitadas sob o sol ardente, em torno de uma piscina que era pouco maior que uma piscina infantil — dentre elas estava também minha nova amiga, que tinha medo de pássaros. Desfrutávamos do momento e observávamos o que acontecia, até que de repente Rita tocou meu braço suavemente e disse: "Olhe, isso seria demais!" Descobri uma gaivota solitária que planava lentamente, sem bater as asas, sobre o navio, afastando-se. "Sim", respondi, "isso agora seria muito engraçado!"

Acompanhávamos o voo da gaivota, que de repente mudou sua expressão. Seus olhos saltaram um pouco, o bico abriu-se e todo o corpo ficou rapidamente contraído. Com um grito baixo a gaivota evacuou, e uma grande porção de cocô, que brilhava em tons de amarelo, marrom e vermelho, vinha em direção ao convés. Observamos hipnotizados o que então aconteceu. Havia, como dito, cerca de 600 pessoas deitadas em torno da piscina. Ouviu-se um *splash!*, e o excremento da gaivota caiu bem na barriga da senhora que arruinara minha sessão de fotos. Ela deu um pulo e começou a protestar ruidosamente contra o pássaro, a companhia marítima e o mar. Como isso foi possível? Presumo que leitores com tendências esotéricas vão colocar em jogo a lei da atração ou algo semelhante. O funcionário de um laboratório de química a quem depois contei a história tinha uma outra teoria: massa vezes gaivota vezes senhora corpulenta = ... Retorqui que era muito mais fácil: negativo atrai negativo.

FORMIGAS
A marcha de uma vida
em direção ao mediano

Felizmente o mundo — e decerto tampouco o seu círculo de amigos, colegas e conhecidos — não é composto apenas por parasitas. Falemos agora de indivíduos essencialmente mais agradáveis da sua lista: as formigas. É perfeitamente cabível comparar essas pessoas aos pequenos e diligentes insetos. Formigas só querem fazer uma coisa: um bom trabalho. Elas não tentam alcançar as estrelas tampouco almejam uma grande carreira. Engajam-se, antes, em seu tempo livre. Seja a turma do boliche, a associação do jardim comunitário ou o clube de cachorros salsicha — aqui, a formiga está em casa. É frequente que ela assuma até mesmo uma posição voluntária de liderança. Como você já deve ter percebido, atenção e reconhecimento são duas das necessidades fundamentais do ser humano. Um cara equilibrado como a formiga consegue essas duas coisas no voluntariado. Por isso ela é um indivíduo muito agradável, tanto no âmbito privado como no trabalho.

Você ainda se lembra da minha festa de parasitas? A formiga é um convidado da mais descomplicada natureza. Ela nunca começaria uma coreografia, mas gosta de dançar ao ritmo de cada música, ao passo que o parasita resmunga sobre a terrível escolha do DJ num outro canto. Também a dança sobre o parquet do dia a dia a formiga domina sem esforços. Enquanto o parasita, numa típica manhã de segunda-feira, apenas reclama do fato de que ainda é cedo demais, a formiga já marcha, junto à horda cotidiana de pessoas, para o escritório. Fazer planilhas, colar um curativo de corpo inteiro no colega parasita que não para de reclamar, resolver problemas: a resiliente formiga já está acostumada a carregar muito peso e consegue arcar com múltiplas tarefas ao mesmo tempo. E isso sem reclamar nadinha!

Você conhece pessoas do tipo formiga? Maravilha! Então façamos uma nova lista com elas. Com essas pessoas você deveria passar mais tempo, especialmente no escritório. A formiga é um animal gregário e precisa de outros colegas que com ela carreguem os enormes torrões. Se uma formiga topa com parasitas demais, cria-se uma situação lamentavelmente perigosa. Pode-se compará-la a uma produção ruim de Asterix. A pequena formiga, rodeada de Pensanadix, Faznadix, Sabenadix e Conseguenadix, de fato não tem chance alguma. Ela rapidamente perde, como você pode ver, sua motivação.

Quanto tempo você acha que demora, pensando de modo puramente estatístico, até que uma formiga, rodeada pelas pessoas erradas, passe para o time de parasitas? Quer que eu te diga? Quatro dias! E por que isso é tão certo? Claro, por causa dos neurônios-espelho. Elas aprendem nesses quatro dias que é muito mais fácil conseguir atenção e reconhecimento ao reclamar. E então já nasce mais um parasita.

Isso tem consequências catastróficas para uma empresa. Imagine um escritório cheio de parasitas que passam a metade do dia se queixando e fumando em frente à porta. E além disso há também — infelizmente — os chefes parasitas, que com sua emanação de energia negativa transformam muito rápido funcionários realmente motivados e engajados em parasitas, que então, por sua vez, passam a ter pouca vontade de trabalhar. É claro que essa péssima liderança não permanece sem consequências. O dano econômico que surge desse modo é enorme. O Instituto Gallup fez essa conta. Você está sentado? O dano em 2016 foi de até 105 bilhões de euros para a economia nacional alemã! E ainda não falamos de seus danos pessoais.

Como você fica quando pensa no seu próximo dia de trabalho? Você já está suspirando só de pensar nisso? É aí que fica perigoso. Se seu drama pessoal leva o nome de "segunda-feira", se a única coisa boa para você no escritório é a máquina de café, então você deveria refletir se a causa não é o fato de estar passando tempo demais com amigos parasitas, dos mais diversos patamares, no escritório. Por isso, minha recomendação é a seguinte: busque com mais determinação as formigas da sua empresa. Se uma única formiga consegue carregar cem vezes o próprio peso, o que você acha que vai acontecer quando vocês estiverem juntos?

```
               CRIE AGORA UMA LISTA COM
         CINCO FORMIGAS QUE VOCÊ CONHECE
            (NÃO SE PREOCUPE, ELAS PODEM
                      FICAR NA SUA VIDA):
```

1 ....

2 ....

3 ....

4 ....

5 ....

DIAMANTES
De pressão e brilho

Falemos agora daquele tipo de pessoa a que, posso dizer, você já pertence: os diamantes. Como sei disso? Porque, caso contrário, você sequer leria este livro. Quando estávamos falando dos parasitas, mencionei que há pessoas que fazem a luz acender quando adentram um cômodo. Diamantes pertencem exatamente a essa categoria. Você já topou com alguém que emana de dentro para fora? Pessoas que ficam no meio da vida, absorvem tudo para si e emanam exatamente isso? Que reconheceram quantas possibilidades estão dispostas a cada esquina, que sempre pegam tudo com as duas mãos e têm um certo brilho nos olhos?

Esse cintilar não é, a propósito, um código Morse secreto dos neurônios-espelho. Ele simplesmente assinala aquele tipo de pessoa que tem uma certeza: a vida tem seus cantos e suas arestas. E todos têm uma escolha: ou reclamar desses impedimentos e deixar-se afetar por eles, tal qual um parasita, ou deixar-se polir bela e completamente por esses cantos e essas arestas — assim como um diamante numa manufatura. Também não faz mal se essa pedra valiosa cair no chão ou ficar suja: diamante continua diamante. Ao passo que parasitas pertencem à categoria "Eu não conheço a solução, mas admiro o problema", diamantes são solucionadores de problemas. Exatamente como a formiga, diamantes não têm medo de enfrentar problemas. Ao passo que a formiga gosta de ter amigos a seu lado para tarefas demasiado grandes, o diamante também enfrenta estas sozinho. Ele não desperdiça tempo lamentando. Ele continua se desenvolvendo. Lê muito. É centrado. Cada pedacinho — cada átomo — está no lugar certo e concede à pedra a sua força. Diamantes são pessoas que ousam!

Você está pronto para mudar a sua vida de acordo com o princípio da embalagem de xampu? É só virar tudo de ponta-cabeça que sai mais! Trata-se apenas da última lapidação, que, a propósito, torna todo diamante único. E, para tanto, um monte precisa ir embora! Até 54% de seu peso é o que perde uma pedra em seu acabamento rumo a se transformar em um diamante definitivo. Esse peso representa o fardo na sua vida. Você sabe do que estou falando, né? Correto — quero dizer os parasitas, claro. Você sabe como se lapidam diamantes? O que corta a pedra mais dura do mundo? Exato, outros diamantes ou pó de diamante, e isso é microscopicamente acurado. Com 2 mil rotações por minuto, você pode até ficar tonto no caminho para cima.

Há, a propósito, infinitos diamantes brutos; no entanto, para tornarem-se de fato valiosos, eles precisam ser lapidados "corretamente". É que só assim eles ficam com a cor e a forma adequadas. Algumas pessoas estão dispostas a despender enormes quantias para tanto. Você é uma pedra com potencial e está disposto a deixar-se lapidar sob grande pressão, ainda que fique desagradável e machuque? No mercado de diamantes, é frequente que se comprem diamantes por 7 mil euros, que vêm então a ser lapidados e subsequentemente vendidos por 30 mil euros. Loucura o que uma lapidação consegue fazer com os diamantes. Por isso, meu conselho é que você permita tantos diamantes quanto possível na sua vida. E mais uma força consegue lapidar o diamante — forças sobre-humanas, para ser exato: as superestrelas!

LISTE AQUI OS DIAMANTES POR QUEM VOCÊ É LAPIDADO
OU QUE PODEM FAZER ESSE PAPEL FUTURAMENTE:

1 ....

2 ....

3 ....

4 ....

5 ....

SUPERESTRELAS
Nascidas para conquistar o mundo

Agora, vamos completar uma lista com as pessoas que vão fazer você avançar muito no seu caminho para a felicidade e a realização pessoais — as superestrelas. Não quero dizer com isso estrelas do rock ou celebridades. Trata-se de pessoas absolutamente normais, mas unidas por uma característica especial. Você gostaria de saber qual?

Para tanto, quero te contar uma história. Você já precisou mudar de escola? Talvez mais de uma vez? Não? Eu, sim! Frequentei, inclusive, dois jardins de infância. E assim, quando tinha catorze anos, eu e meus neurônios-espelho estávamos no ensino médio quando topei com a primeira superestrela da minha vida. No meu primeiro dia na nova escola, me apresentei diante da minha turma. "Olá, eu sou o Tobi e tenho uma dificuldade de aprendizagem certificada", disse eu, experiente, e levantei como prova meu certificado (ora já plastificado, pois eu precisava cada vez mais dele). Em meu percurso escolar, só havia aprendido uma coisa até o momento: rir da própria desgraça e expô-la em público. O certificado era como minha marca pessoal.

Nessa escola, no entanto, tudo viria a mudar. Você também já passou por situações em que uma frase ou uma conversa mudam toda a sua vida? Isso aconteceu comigo enquanto conversava com uma professora. Ela pegou o certificado de minhas mãos, abriu lenta e cautelosamente uma gaveta, pegou uma grande tesoura de cabo vermelho e picotou o papel. Até hoje sei exatamente o que ela me disse: "Tobias, se você aceitar essa marca, a marca vira sua história. O que vira sua história, vira sua vida; e o que vira sua vida, vira sua identidade; e o que vira sua identidade, vira você. A partir de hoje aprenderemos matemática de forma diferente". A partir desse momento aprendemos, eu e meus neurônios-espelho, matemática para pessoas criativas, que têm o lado direito do cérebro mais desenvolvido, e consegui até mesmo, para o grande alívio de meus pais, o diploma do ensino médio.

O que quero dizer com essa história? Há pessoas que mudam a vida de outras pessoas. Elas costumam fazê-lo sem o saber — fazem simplesmente vivendo a sua paixão. Há pessoas para quem trabalho não significa trabalho, porque elas fazem exatamente o que amam. Porque então devolvem algo com todo o seu ser e de todo o coração. E é exatamente isso o que, para mim, constitui uma pessoa bem-sucedida. Sucesso não é o que está na sua conta bancária tampouco a posição em que você é especialmente importante e pode se esconder atrás de títulos e do sucesso de seus pais. Sucesso é, no meu mundo, o que vem de você. Quando você é apaixonado por algo e, assim, fica surdo para a reclamação à sua volta. Quando você desfruta da sua vida a cada suspiro, porque está acordado e percebeu que pode ser uma pequena engrenagem na história de muitas outras pessoas — e fazendo isso, maravilhosamente, com aquilo que você ama. Nas próximas páginas, vou contar como você pode seguir esse caminho.

Aqui, eu quero oferecer a você um pequeno presente. Bolamos um teste (em inglês) com o qual você pode descobrir quantos traços de parasita, de formiga, de diamante e de superestrela estão em você. Acesse HTTPS://TOBIAS-BECK.COM/EN/BEWOHNERTEST.

	PARASITA	FORMIGA	DIAMANTE	SUPERESTRELA
10				
9				
8				
7				
6				
5				
4				
3				
2				
1				

Por que você se levanta toda manhã? Encontre sua paixão!

Já é tempo de mudar algo. Você já deve ter percebido que é exatamente este detalhe que diferencia os diamantes: eles usam toda e qualquer ocasião para lapidar-se diligentemente e mudarem algo em suas vidas. E agora, você está pronto para deixar a cidade dos parasitas? Qual a melhor forma de você e seus neurônios-espelho fazerem isso? É muito simples: preste atenção nas superestrelas. O que elas nos ensinam? Correto! Viva a sua paixão. Você já faz isso? Para descobri-lo, vale a pena dar uma olhada na sua situação no momento.

DESCREVA A SUA ROTINA DE TRABALHO ESPONTANEAMENTE, USANDO DE UMA A CINCO PALAVRAS.

1 ....

2 ....

3 ....

4 ....

5 ....

Pronto? O.k. Se você escreveu algo como "planeta dos macacos", "máquina de fazer dinheiro", "sanatório", "vale dos mortos" ou "até que é o.k.", então precisa dizer a si mesmo que, em primeiro lugar, deve mudar algo nesse aspecto. No seu trabalho você passa, em termos puramente aritméticos, de acordo com a tabela salarial do Instituto de Pesquisa Econômica e Social da Alemanha (WSI), em média 1.650 horas por ano, em dez anos 16.500 horas e em trinta anos colossais 49.500 horas (números de 2017!).

Você quer dedicar zilhões de anos da sua vida a um "até que é o.k."? Você está disposto a isso? Não seria muito melhor dizer que conseguiu dar algo em troca de sua carreira e realmente se divertiu? Você consegue imaginar quais são as consequências se tudo o que te diverte no seu trabalho é a cadeira giratória? Exato, você fica insatisfeito. Aí começa a dar razão a seus colegas parasitas: o mundo é um lugar completamente terrível. Em algum momento, sua única alegria consistirá em ligar a máquina aniquiladora de renda e anestesiar suas dores com álcool. Mas isso não pode acontecer, né?

Por isso, meu primeiro conselho urgente é: pense sobre o que realmente te diverte! Há algo de que você sempre falou que, se estivesse num universo paralelo, teria seguido esse caminho? Há um sonho que você sempre teve em segredo, mas sobre o qual nunca ousou falar com alguém? Então é tempo! Fale sobre isso. Mas não com os parasitas! Eles só vão buscar no Google por estatísticas e cenários horrorosos para rapidamente te dissuadir mais uma vez de seus planos. Por quê? Porque parasitas não querem que você mude. Parasitas querem que tudo permaneça como está. Eles querem continuar a ter seu público. Por isso, meu segundo conselho é: risque todos os parasitas listados da sua agenda! Sim, eu sei, isso pode parecer brutal, mas é pura autoproteção para você e seus neurônios-espelho. Você já sabe: "diga-me com quem tu andas que eu direi quem és"! Agregue pessoas à sua volta que compartilhem a sua visão, ou até mesmo a melhorem.

LISTE AQUI ATÉ CINCO PESSOAS COM QUEM
VOCÊ PARTILHA UMA VISÃO:

1
....

2
....

3
....

4
....

5
....

Eu te vejo de novo na minha frente. Com a caneta na mão, coçando gentilmente a cabeça e pensando muito sobre quais desejos e sonhos carrega em si. Caso você se surpreenda com o fato de estar sendo tão difícil para pensar nisso, posso te acalmar. Você só desaprendeu. Há uma fase na vida em que ter sonhos, expectativas e crenças é especialmente fácil. Você consegue adivinhar quando? Exato, na infância. Quando crianças, estamos cheios de visões. O mundo todo é uma aventura. Um parque cheio de possibilidades, e nós só precisamos alcançá-las.

De parasitas inconvenientes — como por exemplo o seu tio Alfred, que te disse que você nunca seria inteligente ou bom o suficiente para realizar seus sonhos — você simplesmente discordava. Ou batia na cabeça deles com um chinelo. Mas aí interveio, infelizmente, sua educação. É que, com seis anos de idade, você vai parar na máquina aniquiladora de sonhos — na escola. Esse é um sistema em que só costumam te ensinar uma coisa: sentar e calar a boca! Nosso sistema escolar infelizmente é fruto de um tempo em que se deveriam educar trabalhadores ou soldados obedientes. À época, era importante adaptar-se a um sistema. É por isso que há em muitas escolas planos de ensino rígidos, e os alunos são recrutados, como antes era feito no exército, em turmas, em vez de a escola adequar-se às necessidades individuais das crianças. Escolas são, frequentemente, prédios sem amor e sem vida com um corredor no meio a que se conjugam, à esquerda e à direita, salas de aula. Exatamente como num quartel. Na maior parte das vezes, não é um bom lugar para um desenvolvimento livre.

E como praticamente tudo no mundo continuou a se desenvolver — à exceção do nosso sistema escolar —, ficamos surpresos ao pensar o porquê de à nossa frente estar uma geração que, mesmo depois de 10 ou 13 anos de escola, não tem a menor ideia do quer fazer profissionalmente. Se a pessoa deixa a escola jovem, ela deveria saber como conseguir destacar-se da multidão. Mas, infelizmente, ela aprendeu o exato oposto no seu percurso escolar — que era sempre sobre se adequar da melhor forma possível. Quem já aprendeu na escola a se vender, a liderar pessoas, a motivar outras pessoas ou até mesmo a começar o seu próprio negócio? É tão mais importante que você reaprenda a sonhar! Exatamente por isso é que te convido para uma viagem fantástica — para a viagem rumo a você mesmo. Descubra o que realmente te realiza, o que te faz feliz e, ao fim e ao cabo, bem-sucedido. Você está pronto? Para tanto, peço primeiro que você escreva algumas coisas.

> O QUE TE MOTIVAVA QUANDO CRIANÇA
> (INDEPENDENTEMENTE DA ESCOLA) E
> QUEM EM ESPECIAL TE INSPIROU NISSO?

....

....

Como encontrei a minha paixão

Eu poderia afirmar que o sucesso e a felicidade vieram à minha vida por si sós, mas não foi assim. Foi o exato oposto! Como você já sabe, meu percurso escolar foi tudo menos brilhante. Quando eu finalmente tinha na bolsa o meu diploma do ensino médio e meus pais esperavam que eu fosse finalmente fazer algo razoável, me vi tão desorientado como tantos outros diante da pergunta: o que eu posso fazer pelo resto da minha vida?

Sinceramente: eu não fazia a mínima ideia. A verdade é que até havia uma ideia, mas ela abarcava, em primeiro lugar, tudo o que eu não queria. Quatro semanas de férias anuais, penar nas demais semanas e tudo apenas para pagar em prestações uma casa do meio de um complexo de casas geminadas? Isso nem entrava em questão. Eu tampouco estava disposto a gastar meu tempo de vida pelos sonhos e pelas visões de outras pessoas. Isso teria sido um pesadelo para mim. E eis que meu caminho acabou me levando para o Brasil. Eu ensinava inglês a crianças de rua e conheci, nessa época, uma vida completamente diferente. Uma vida que era marcada por calor, por pessoas que celebravam coisas simples, que estavam presentes no aqui e agora e sabiam dar valor ao que era especial, como por exemplo eletricidade e uma coca-cola gelada. É que não havia tudo isso no dia a dia. Nem eletricidade nem água corrente, nada. A família brasileira que me hospedou vivia comigo numa casa de madeira e era grata por cada pequena coisa.

Já te saltou aos olhos que muitas pessoas não conseguem fazer isto: expressar gratidão pelas pequenas coisas? O europeu médio só anseia por uma coisa: férias do trabalho. Quando a melhor época do ano finalmente chega, ele costuma estar ocupado se estressando com tudo o que se possa imaginar: que alguém tirou a sua toalha da espreguiçadeira, que está quente ou frio ou úmido demais — e assim por diante. Lembro-me, ainda hoje com grande gratidão, do meu tempo no Brasil: o viver no aqui e agora é algo que aprendi com as pessoas de lá.

E eis que voltei para a vida real na regrada República Federativa da Alemanha. Logo depois da minha chegada ao aeroporto lembrei de novo dos dogmas que me foram incutidos durante 13 anos de escola. Presumo que você também conheça essas pessoas que te insinuam, com cada poro do seu ser, o quão incrivelmente importantes são. Pessoas que estão tão ocupadas com o seu celular que nem podem adquirir um bilhete de metrô. Pessoas que no check-in do aeroporto berram de trás: "Deixem-me passar, sou senador!". Pessoas que se inflam o tempo todo como um baiacu, falam apenas de si mesmas e vivem se gabando. E então, ideias?

> CRIE UMA LISTA COM OS CINCO MAIS IMPORTANTES BAIACUS DO SEU AMBIENTE. É QUE ELES TAMBÉM ESTÃO NO CAMINHO ERRADO E PRECISAM PRIMEIRO SER IDENTIFICADOS:

1 ....

2 ....

3 ....

4
....

5
....

Era com pessoas assim que eu estava no elevador, logo após a minha chegada ao aeroporto de Frankfurt. Cumprimentei-as, amigável e sorridente, com um "bom-dia" (isso eu tinha aprendido no Brasil). Nenhuma reação. Até que uma dessas pessoas sem sangue, de repente irritada, me encarou e resmungou: "É segunda-feira, jovem. Um dia você ainda aprende". Há momentos em que uma certa frase tem consequências para a sua vida inteira. Este era um desses! Eu soube imediatamente: não vou fazer parte disso! Eu não queria virar uma dessas pessoas para quem tudo o que funciona é o sinal do Wi-Fi. Passei então, após o meu retorno, a procurar conscientemente por trajetórias que me possibilitassem dar algo em troca. E foi exatamente isso o que fiz. Primeiro, no corpo de bombeiros e, em seguida, numa companhia aérea como comissário de bordo.

Aprendi o significado de trabalho em equipe e confiança em outras pessoas, no sentido verdadeiro da palavra. Aprendi a pôr a mim mesmo e às minhas necessidades para baixo e a servir. Servir os baiacus mesmo que a contragosto é, em retrospectiva, uma das minhas lições de vida mais importantes.

Ensinei, nas minhas viagens pelo mundo, o meu conhecimento sobre a natureza humana e tive a chance de conversar com algumas pessoas bem-sucedidas na primeira classe. Para mim, estava muito claro: se alguém podia gastar 15 mil euros num voo, então eu também podia aprender algo com essas pessoas. E aqui pude sentir a diferença entre os que têm um trabalho para sobreviver e os que vivem a sua paixão. Comecei a tomar notas durante os voos e conheci pessoas grandiosas e bem-sucedidas. Dentre as quais o papa João Paulo II, Michael Jackson, Hans-Dietrich Genscher* e muitas outras.

Durante os longos voos havia sempre oportunidade para um bate-papo, e eu ficava esperando horas a fio pelo momento oportuno para fazer uma pergunta específica: "Como você conseguiu estar aqui hoje?". As respostas eram frequentemente banais e, todavia, muito valiosas. Michael Jackson, por exemplo, só respondeu que amava música; Genscher, rindo, disse que queria o melhor para o seu país e sempre conteve a si mesmo. Na primeira classe, percebi quantos passageiros usam o tempo para ler e anotei os títulos.

Na classe executiva, estavam frequentemente pessoas que, de todo exaustas por sua semana de trabalho, dormiam o voo inteiro — pálidas, esgotadas e irritadas. Na primeira classe, por outro lado, as pessoas passavam o tempo com leitura e audiobooks. Um passageiro me disse, numa das nossas viagens ao Brasil, depois que eu lhe levara um champanhe e havíamos começado a conversar: "Tobi, tudo o que você recebe com os seus olhos e ouvidos mais cedo ou mais tarde sai da sua boca!".

Foi então, a partir desse momento, que comecei a ler tudo o que me chegava às mãos sobre motivação, desenvolvimento pessoal e crescimento. Por quê? Porque eu imaginava que precisaria apenas adaptar o comportamento das pessoas dos livros para, no futuro, atingir resultados semelhantes. Contudo, pouco tempo depois, cheguei a um momento da minha vida em que isso não ia para frente. Olhando de fora, na verdade, tudo parecia bem. Além dos voos e da faculdade, eu havia começado um negócio que es-

---

* Hans-Dietrich Genscher (1927-2016) foi um político alemão, membro do Partido Democrático Liberal (FDP). Atuou como Ministro do Interior de 1969 a 1974 e, em seguida, como Ministro das Relações Exteriores, de 1974 a 1992.

tava indo de vento em popa. Financeiramente, tudo estava ótimo. Eu dirigia um carro chique, morava num apartamento luxuoso e com piscina, frequentava festas divertidas e tinha uma namorada que trabalhava como modelo. Mas nada disso me fazia feliz. Eu estava preso entre o mundo que conhecia dos livros e aquilo que realmente vivia. A cada dia, meu descontentamento aumentava. Sorrir tornou-se uma máscara profissional. Minha motivação estava como o resto de álcool no domingo de manhã: tornava-se vapor. A certa altura, eu não conseguia mais. Não suportava nem o meu trabalho nem as pessoas à minha volta.

Em 2000, eu era decerto o maior comissário de bordo parasita que a companhia tinha. Por isso, a carta da empresa que recebi em 2001 me pareceu um sinal de que eu precisava mudar algo. Percebi que companhia queria reduzir o número de funcionários e oferecia-nos, portanto, ou uma compensação, ou férias não remuneradas. Enfim! Aí estava ela! Minha chance de me tornar feliz e bem-sucedido! Optei na hora pelas férias não remuneradas e queria impreterivelmente tentar algo novo. Eu havia lido sobre uma empresa que oferecia uma própria universidade da felicidade e minha esperança já se agarrava a esse pensamento. Era lá! Com certeza! Era lá que a felicidade esperava por mim.

Para minha grande alegria, minha candidatura numa filial da empresa deu certo, e consegui um trabalho para o verão. Para que se pudesse ir para a universidade da felicidade, era necessário, inicialmente, ficar no mínimo por um ano num desses trabalhos. A empresa é uma das grandes fábricas de sonhos, em grande e pequena escala. Ela administra diversos parques de diversão em que adultos andam para lá e para cá em fantasias de rato, pato e outros animais. E era exatamente lá que eu tinha agora meu "período probatório." Nas primeiras semanas, cada um de nós representava uma personagem. Infelizmente, não podíamos escolher o animal, ele nos era atribuído por sorteio. Até hoje lembro do meu número: 4432. Ao ver a minha sorte, um colega sacudiu a cabeça com pena e disse, num inglês rudimentar: "That's not good" ["Isso não é bom"]. Eu poderia ter sido um príncipe ou um duende voador. Em vez disso, fui um pato — mais precisamente, o pato do meio de um trio de patos que você certamente já sabe qual é.* O sorteio, contudo, infelizmente não levara em conta o tamanho dos figurantes. Assim eu titubeava, enquanto pato de 1,90 m, entre meus "irmãos" de 1,50 m, que vinham do Japão.

Minha fantasia pesava orgulhosos dezoito quilos, eu estava preso em leggings rentes à pele e arrastava comigo para lá e para cá dois galões de água, que deveriam me manter hidratado por mais de oito horas. Meu trajeto diário a um barco era de quatro quilômetros, e isto não tornava as coisas melhores: quatro quilômetros num calor inimaginável sob uma pesada cabeça de pato. Meu eu-parasita já imaginava que esse trabalho certamente não me faria feliz. Quando eu chegava pela manhã ao meu local de trabalho, já estava completamente irritado. E o desgaste era tremendo: lidávamos diariamente com algo entre 18 mil e 25 mil visitantes.

Qual você acha que era a pergunta mais recorrente das crianças? Exato! "Por que um dos patos é tão alto e os outros são tão baixos?". Depois de certo tempo, comecei a agir como um verdadeiro babaca. Eu rosnava, por exemplo, para assustar as crianças. Estava claro que eu me encontrava na fase de "Minha vida é tão difícil" e "Eu, eu, eu". Só descobri, muito mais tarde, que com esses pensamentos eu caminhava numa rua de mão única. E essa não podia ser toda a verdade.

Depois de catorze dias, eu já estava farto e cometi o maior pecado capital no meu trabalho. Tirei a cabeça de pato. Eu não queria mais. Nada daquilo me importava — nem mesmo o fato de que, com

---

* Referência aos sobrinhos do tio Patinhas, Huguinho, Zezinho e Luisinho. (N. E.)

isso, eu tenha feito cerca de duzentas crianças chorosas perderem a crença de que eu era uma personagem real. Eu era um pato-parasita e só via a mim mesmo. Reclamei com o supervisor, que veio correndo: eu só queria ter outro trabalho! Após uma enxurrada de xingamentos, que prefiro não reproduzir literalmente aqui, o supervisou me lançou um olhar duro e, perigosamente calmo, disse: "Claro. Você vai assumir um trabalho melhor. Não há problema algum".

Funcionou melhor do que eu imaginava! Enfim! Entrei alegre no carro que deveria me levar à próxima estação. A um treinador da empresa. Fui levado a uma região onde o motorista parou o carro por exatos vinte segundos para me tirar o mais rápido possível do veículo, à frente de uma casa. Perplexo, bati à porta. E eis que Anthony estava à minha frente. O "pai" que viria a me hospedar. Um afro-americano de dois metros de altura com ombros incrivelmente largos. "Shit! You are white!" ["Caramba! Você é branco!"], foram suas primeiras palavras quando me viu. Então embarquei no compartimento de carga da sua vã, e ele dirigiu comigo pela área. No nosso pequeno tour, ele comunicava aos berros a todos os vizinhos que eu era o seu novo protegido e que qualquer um que mexesse comigo estaria pondo a vida em risco. Bem-vindo à minha nova vizinhança. Eu estava totalmente confuso. Tudo aqui era, de alguma forma, diferente de Wuppertal.

No jantar, tentei extrair do "pai" que me hospedava o que me esperava em sua casa. Ele se curvou sobre a mesa e disse: "Bom dia, alemão, hoje você vai conhecer a minha vida". O dia começava, na vida de Anthony, às cinco da manhã. Num ônibus escolar amarelo! O parasita em mim não conseguia entendê-lo. Acaso esses idiotas ainda não haviam entendido ainda? Eu queria aprender a ser feliz. Fala sério, como um condutor de ônibus deveria me ajudar nisso? Também havia ônibus em Wuppertal. Desconcertado, fui posto no banco de trás por Anthony. Encolhi os braços e mergulhei no meu assento, quando partimos.

O parasita em mim já sentia pena de si mesmo, quando me distraí com o grito de crianças. "Tony, Tony, Tony!" Uma horda eufórica de estudantes entrava disparada e entusiasmadamente no ônibus e cumprimentava Anthony. Cada uma das crianças abraçava-o com carinho ou dava um beijo na bochecha dele. Eu observava boquiaberto a cena. Isso sim era diferente de Wuppertal! E a cada parada, a multidão de crianças alegremente tagarelas e entusiasmadas crescia. Numa das últimas paradas, tive uma surpresa ainda maior, que viria a de fato mudar a minha vida. Lá estava uma mocinha, de seis ou sete anos de idade. Ainda hoje a vejo à minha frente com a sua mochila amarela e os laços vermelhos nos cabelos. Anthony abriu a porta do ônibus, levantou-se e tocou num violãozinho "Happy Birthday" para a mocinha. Todo o ônibus acompanhou. Depois disso, Anthony pôs a mão sob seu assento e puxou a "magic box": uma caixa de sapatos recoberta com papel alumínio, amorosamente revestida e cheia de brinquedos e pirulitos, dos quais a criança aniversariante podia escolher algo.

"Diga aí, quando foi que você fez esse curso de violão?", perguntei a Anthony no intervalo. Ele me lançou um olhar interrogativo. "Como assim?" "Bom, você com certeza fez um curso. Ou você faz isso voluntariamente?", tentei brincar. Ainda hoje vejo Anthony sacodindo a cabeça: "Eu não sabia que você sabia tão pouco sobre a vida, alemão." Ao fim do dia, estávamos juntos no jantar. Eu estava completamente mergulhado em mim. Nunca me sentira tão mal e tão desnudo. "Você não é motorista de ônibus", conclui. "Não", retorquiu Anthony. "Eu simplesmente amo crianças. E quando você vive a sua paixão, então nunca mais precisa trabalhar nem um dia da sua vida".

Lá estava eu, o próprio retrato da miséria. Anthony era uma pessoa maravilhosa. Ele era feliz e fazia outras pessoas felizes. Ele dava algo em troca a outras pessoas. E eu? Eu sentia pena de mim mesmo e não conseguia parar de chorar como uma criança nos ombros da esposa dele. A felicidade não depende do que você tem ou do que você recebe, mas do que você dá a outras pessoas. Quando isso acontece, sua vida se engrandece. Anthony era minha superestrela pessoal. Ele mudou a minha vida como ninguém até então. Tive o privilégio de morar algumas semanas com ele e a sua família e de aprender com ele muito sobre a vida. À noite, costumávamos acender juntos a churrasqueira e comer milho com manteiga e sal. Ficávamos sentados no seu pequeno terraço e conversávamos sobre seus valores e a felicidade. Gratidão era um tema importante para ele, que abordava repetidas vezes. Isso me lembrou da família que me havia hospedado no Brasil, e já havia passado da hora de eu também ser grato.

Anthony dava-me repetidas vezes um papel em branco, em que eu devia formular meus pensamentos:

1. Quais são os seus valores?
2. Em que você acredita?
3. Pelo que exatamente você é grato?
4. Quem pertence, além dos seus parentes, à sua família?

Esse tempo na Flórida foi um dos mais marcantes da minha vida, pois eu morava junto com uma superestrela que jamais designaria a si mesma assim.

No decorrer da minha vida, algumas superestrelas cruzaram o meu caminho. Quanto a isso, mais uma história. Em 2015 ocorreu em Stuttgart o National Achievers Congress, e eu tive a chance única de moderar o evento. À época, ainda sem honorário — eu precisava, afinal, primeiro provar o meu valor à maior produtora de eventos do mundo, Success Resources, com a qual eu tinha um contrato. Lá estava eu com as pernas bambas atrás do palco e via o salão se encher com milhares de participantes.

Pouco a pouco também chegavam os primeiros palestrantes. Alguns deles não me davam atenção alguma, sequer me cumprimentavam. Quando é que as pessoas começam a desenvolver esse estrelismo? Ainda mais no nosso ramo, em que deveríamos, na verdade, servir às pessoas. Sempre me perguntei isso. Ainda piores, eu só julgava os palestrantes que se tornavam superamigáveis assim que ouviam que eu era o moderador. Essas pessoas perdiam pontos comigo na hora. Presto atenção na forma como alguém trata uma pessoa de quem nada espera em troca.

Um ego grande demais pode realmente desmantelar tudo o que foi arduamente construído por anos a fio. Parasitas têm frequentemente o maior dos egos — só falam de si mesmos e querem que o universo se alinhe a eles. Mas há também outros casos. Foi o que pude aprender naquela noite, quando a porta de entrada dos fundos se abriu e a estrela de nosso ramo entrou no cômodo, alguém que já havia falado para mais de 100 mil pessoas: Les Brown. Fiquei boquiaberto, pois fazia anos que ele era um dos meus maiores ídolos. Consigo dizer todos os seus vídeos no YouTube de trás para frente e absorvi, como uma esponja, todos os seus livros e CDs.

Ele veio até mim, deu-me a mão e perguntou como eu estava. Gaguejei: "Bem, sr. Brown". Ele respondeu: "Me chame de Les, amigo, por que você está tão nervoso?". Expliquei que ele era o meu grande ídolo e como era uma honra para mim poder conhecê-lo pessoalmente. Aí aconteceu algo mágico. Les me convidou para o seu camarim e perguntou o que poderia fazer por mim. Disse estar agora numa idade em que a única coisa que lhe importava era devolver algo a outras pessoas. Ele respondeu às minhas perguntas por duas horas e me orientou. Foi como num filme que infelizmente acabou rápido demais.

Antes de subir ao palco, Les passou dez minutos junto à sua mulher, eles se abraçaram e rezaram, cheios de humildade e gratidão, porque tantas pessoas haviam vindo ao evento. Nesse momento veio do palco um outro palestrante e anunciou, arrogante, que havia acabado de vender aos alemães as palestras subsequentes por mais de 200 mil euros. Les olhou rapidamente para cima, sacudiu a cabeça, e eu, nesse momento, percebi mais uma vez a diferença entre dar e tomar. Les e eu mantemos contato até hoje. Ainda sou profundamente motivado por ele e pela sua maneira de lidar com pessoas. Ele faz com que outros se tornem estrelas e não considera a si mesmo tão importante. Uma verdadeira superestrela.

ANOTE AQUI O NOME DE PESSOAS QUE MUDARAM A SUA VIDA POSITIVAMENTE — A LISTA DAS SUAS SUPERESTRELAS PESSOAIS:

1 ....

2 ....

3 ....

4 ....

5 ....

Conversas com Ruth

"Viagem de diálise", constava no pedaço de papel que saiu da impressora do corpo de bombeiros de Wuppertal. Lá estava eu, aos dezoito anos e com o uniforme do corpo de bombeiros, sentado numa ambulância e vendo o mundo fora da bolha em que havia crescido.

Já no primeiro dia nos serviços de emergência, depois de seis semanas de treinamento e um estágio hospitalar, fui totalmente jogado aos leões: ajudei um parto domiciliar na escadaria, duas reanimações e um acidente na rodovia — em vez de só assistir-lhes. Uma viagem de diálise deveria ser tranquila, pensei. Quando vi Ruth pela primeira vez, comecei a rir, pois essa pequena e velha senhora tinha algo mágico em si. Muito limpa, com um chapeuzinho vermelho, estava ela sentada no canto da cama de seu quarto na casa de repouso, e eu ainda ouço a primeira frase que dirigiu a mim: "Que bom que você veio, jovem. Todos os outros estão aqui para morrer, eu estou para viver. Vamos fazer uma excursão". "Hm", tossi fracamente e comparei os dados na minha ficha. "Vamos levá-la agora à clínica para a hemodiálise, senhora..." "Ruth, me chame de Ruth!" "Certo, Ruth, então vamos indo!" "Maravilha", disse Ruth, "estamos indo para a máquina de hemodiálise! Fantástico que haja algo assim!"

Ela retocou o batom e pôs o braço sobre o meu. Cheia de orgulho, foi comigo pelo longo corredor, passando pelos quartos de seus corresidentes, dos quais a maioria estava simplesmente deitada e encarando o vazio. Ruth era absolutamente formidável em seu jeito e, comparada aos demais pacientes, estava em ótimo estado. Nosso caminho para o hospital durava vinte minutos; Ruth e eu estávamos sentados atrás e nos entretínhamos. Não, Ruth me entretinha e contava de sua vida. Durante a guerra, ela perdera o esposo e os filhos, fora gravemente ferida por estilhaços de granadas e precisou batalhar a vida inteira. Depois de quarenta anos de trabalho nos arquivos da cidade, deram-lhe apenas uma caneta dourada e nada mais.

Ruth, enquanto contava tudo isso, brilhava. Ela era diferente dos demais. Durante nossa viagem, ela falava exclusivamente pontos positivos de tudo o que tinha na vida. As irmãs e os enfermeiros, a boa comida da casa de repouso e os milagres da medicina, que agora era capaz de depurar seu sangue. Às sextas sempre havia pudim de sêmola, pelo qual ela ansiava a semana toda. Nos meses seguintes, levei Ruth repetidas vezes para a clínica, e ficamos amigos. Eu lhe contava da minha família e dava a ela chocolate com avelã, que ela sempre escondia rapidamente em sua bolsa.

No período em que nos conhecemos, Ruth estava com 89 anos e, de acordo com o diagnóstico dos médicos, com câncer terminal. A ela foi prescrito que repousasse acamada, e nós deveríamos carregá-la. Mas ela não ficava deitada na cama tampouco queria ser carregada. À frente da casa de repouso havia um pequeno jardim, em que ela havia plantado flores. Sempre que o tempo permitia, ela ficava sentada em sua sacada e aproveitava o sol. Sempre preocupada com o seu aspecto e cheia de dignidade.

Por que te conto essa história? Porque Ruth era um fenômeno excepcional, pois mesmo na casa de repouso havia muitas pessoas que sempre só resmungavam, e lá ela se destacava com a sua essência. Um dia, quando eu for velho, quero ser como a Ruth.

Ela simplesmente ficava feliz com tudo, e seu segredo era a gratidão. Ela era infinitamente grata por tudo e por isso era tão feliz. Ela me mostrava coisas que eu não conseguia enxergar, embora ainda fosse tão jovem. Uma semana antes de sua morte, que à época muito me abalou, ela pegou a minha mão e disse: "Tobi, não sei por quanto tempo o querido Deus ainda me deixará aqui, conto simplesmente com o fato de que vou rever todas as pessoas que me foram tão importantes nessa viagem. Pude viver um amor verdadeiro, pude ter filhos e viver num país que agora cuida de mim em idade avançada. Sua viagem ainda está à sua frente, e eu gostaria de te dar um presente". Movido e abalado, olhei a velha senhora. "Meu presente para você é este momento, pois isso é tudo o que permanece no fim." Eu não entendi à época o que ela quis dizer, e foi só anos depois que me ficou claro: quando, ao me olhar no espelho, percebi que tudo é passageiro.

Tudo o que temos é: este momento, no aqui e no agora. Tento, desde então, colecionar momentos de vida em vez de acumular bens materiais. Tento ancorar imagens no meu coração para que eu, em idade avançada, possa ser como a Ruth. Lembro frequentemente da minha alegria no caminho e de aproveitar a viagem. É que a viagem é única, e cada momento, tão infinitamente valioso.

Ruth me deu, ainda, uma carta, que dizia:

Meu caro amigo,
Você deve ter ficado velho em todos esses anos. Você ainda se lembra de todos os sonhos grandiosos que tinha quando era jovem? Quando me contou, com olhos radiantes, do seu futuro? Você concretizou tudo? Você ainda tem esse espírito de criança pequena que enfrenta o dia com obstinada alegria? Espero que sim, pois sou rica porque sempre fiz o que quis fazer. A maioria das pessoas passa a vida apenas sonhando. Aquelas que fazem com que pensamentos e sonhos se tornem realidade são por

quem o mundo todo se curva. São guerreiros da luz e para cuja honra constroem-se estátuas de bronze em sua cidade. Não são os críticos, questionadores e resmungões que recebem a fama, mas aqueles que estão dispostos a andar pelo fogo.

Apesar do medo, que é como um vírus e habita toda pessoa e toma posse da maioria — o medo de viver o próprio sonho, o medo de libertar-se dos flagelos dos demais, que te dizem como você tem que viver. O medo de não ser suficiente, o medo de não ser amado, o medo de não atender aos próprios parâmetros. É por isso que a maioria joga pouco o jogo da vida, de preferência sem risco e sem contentamento verdadeiro. Este você só consegue alcançar se jogar o seu jogo. Você é, afinal, o filho do universo, o filho do sol e da lua. Seus irmãos e irmãs são as árvores, os rios e tudo que vive. Você não serve a ninguém se joga pouco e esconde a sua luz. Arda em chamas, pois então você consegue também acender outras pessoas.

Você está mudando o mundo, meu amigo? Você está fazendo o que deveria fazer neste mundo? Qualquer um pode fazer pequenas coisas para, com isso, ser feliz. Alguns compõem música que adentra o coração e gera emoções nos homens. Alguns ensinam outras pessoas com paciência angelical e veem por vezes pequenos sucessos. Você ama o que faz tão devotamente que acorda pela manhã sem despertador e não pode esperar pelo próximo dia? Há pessoas que choram no dia em que são forçadas a se aposentar. Elas amavam o que faziam. Deixe-me perguntar uma coisa: se amanhã seu tempo acabasse, você estaria feliz com o que alcançou? Se amanhã dinheiro não tivesse importância alguma, você continuaria, apesar disso, fazendo o que faz? Espero que sim, pois sua viagem é muito mais importante que alcançar o objetivo.

As pessoas sempre te freiam, você diz? Os tempos estão tão difíceis, você diz? Deixe-me dizer uma coisa: os tempos "sempre" estiveram difíceis. Mas é exatamente quando outras pessoas fraquejam e reclamam que você tem a chance de ser forte. É exatamente agora que outras pessoas precisam do seu caráter para recarregar as suas próprias baterias. E se você titubear, quero te lembrar de uma coisa: se você se levantou hoje de manhã e estava saudável, e não doente, se tem roupas no corpo, comida na geladeira e um teto sobre a cabeça, você está melhor que 85% de todos os seus irmãos e irmãs no planeta Terra. Você está saudável? Então está melhor que todos aqueles que não sobreviverão à manhã seguinte devido a uma terrível doença. Levante a cabeça e pare logo de reclamar, meu amigo. A partir de hoje é você quem molda o seu futuro.

Você tem respeito pelo futuro e seus objetivos são tão grandes que você tem medo deles. Espero que sim, pois você precisa de algo inalcançável à sua frente, algo que te faça sempre seguir adiante. E não se esqueça: nos momentos da nossa vida em que não perguntamos quem deveríamos ser, mas simplesmente somos, nossa vida se ilumina como uma estrela no céu. Mas cuidado. A certa altura, você também vai reconhecer que mesmo a luz do sol queima se você ficar tempo demais sob ela, e então você precisa de pessoas que possam absorver a sua luz com sensibilidade.

Desejo que a sua vida, a partir de hoje, se torne uma fantástica viagem. Aproveite-a, meu amigo, pois ela é única e nunca mais volta.

Com amor,
Ruth

AGORA OLHE, ATENTA E CONSCIENTEMENTE,
PARA A FITA MÉTRICA DA SUA VIDA. ONDE VOCÊ ESTÁ?
QUANTO TEMPO VOCÊ PRESUME QUE AINDA TE SOBRA?

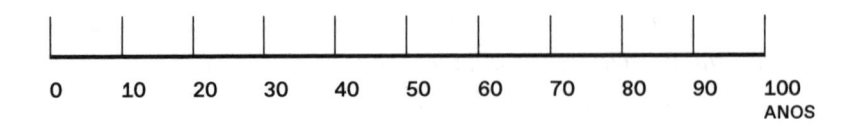

```
|   |   |   |   |   |   |   |   |   |   |   |
0   10  20  30  40  50  60  70  80  90  100
                                          ANOS
```

E agora?
Mentores e
superestrelas

Você decerto já ouviu a frase: o professor só entra na vida do aluno quando este está pronto. Mentores de vida e superestrelas buscam especificamente pessoas em que possam investir tempo e energia. Ao fazê-lo, procuram deliberadamente diamantes que já brilham e precisam somente de alguma lapidação. Você precisa, portanto, já ter investido bastante em si mesmo e na sua evolução antes de ser aceito no círculo interno. Eu enxerguei um padrão nos meus mentores. Eles me põem repetidas vezes à prova, gostam de me jogar aos leões e simplesmente fazem as perguntas certas. Às seguintes perguntas você deve, se estiver à procura de um mentor, ter uma resposta rápida; caso contrário, você vai passar pela peneira. Faça algumas anotações e reflita se está pronto para a máquina de lapidar diamantes.

QUAIS LIVROS VOCÊ LEU MÊS PASSADO?

....

....

....

....

....

O QUE VOCÊ FEZ MÊS PASSADO PARA OUTRAS PESSOAS?

....

....

....

....

....

POR QUE VOCÊ FAZ O QUE FAZ?

....

....

....

....

....

QUAIS PALESTRAS VOCÊ RESERVOU ESTE ANO PARA CONTINUAR A SE DESENVOLVER?

....

....

....

....

....

COMO VOCÊ SE ENGAJA NA SOCIEDADE?

....

....

....

....

....

E não se esqueça: o mentor também é apenas uma pessoa, ele comete erros e tem apenas 24 horas por dia à disposição. Ao lidar com um mentor, preste atenção na energia e na expressão que você exibe. E em vez de perguntar o que ele pode fazer por você, simplesmente inverta o jogo. O que você pode fazer pelo seu mentor? Deposite na "conta do relacionamento" antes de fazer um saque. Para algumas pessoas, eu mesmo fui mentor; especialmente para jovens palestrantes que estão à procura de boas dicas e coaching para ter sucesso no palco. O que repetidas vezes me deixa impressionado? A maioria simplesmente não está pronta para pagar o preço do sucesso e seguir o caminho duro. Por isso testo a pessoa com quem estou lidando intensivamente antes de decidir aplicar tempo e energia nessa relação.

Mas há também candidatos muito espertos; eles se manobram com destreza para o campo de visão das pessoas com quem querem aprender. Há algum tempo recebi uma carta escrita à mão em que o remetente me fazia visualizar, sem rodeios, que eu estava em péssima forma. A carta acabava assim: "A partir de agora sou seu novo treinador, trabalho de acordo com seus horários e vou até a sua casa, sempre que quiser. Ficaria feliz em treinar também a sua esposa. Melhores cumprimentos..." E o que você acha que aconteceu? Jens, que se dirigiu a mim dessa forma tão direta e pessoal, agora vem duas vezes por semana à nossa casa e já virou parte da família. Durante nossas seções de treino, expliquei-lhe os segredos dos palestrantes e como é possível ter independência financeira. Uma relação de trocas nasceu. É claro que Jens já tinha ouvido de antemão todos os meus CDs e estava bem preparado e, sobretudo, faminto. Eu, pessoalmente, olho as pessoas sempre profundamente nos olhos e busco pelo fogo. Se vejo a chama arder, ajudo com prazer. Se só vejo velinhas tremeluzentes, desculpe, mas infelizmente estou fora!

O que você
está esperando?
Mude a sua vida

Questão de ouro: com que frequência na sua vida você já se propôs a mudar algo? Finalmente emagrecer, finalmente falar "não" e dizer ao colega a sua opinião, não fumar mais, procurar um outro emprego e assim por diante. E então? O que disso você já concretizou? Se você está agora balbuciando algo vago e quer pular esta parte e rapidamente continuar a leitura, não se preocupe! No fundo, nós, seres humanos, somos todos iguais. Todos temos objetivos. Todos aspiramos a mudanças. Só com a concretização é que frequentemente dá problema. Você gostaria de conhecer os dois propulsores decisivos que garantem que você de fato mude algo? Então eu gostaria de te apresentar as colegas Dor e Vontade. Uma mudança não acontece sem uma dessas duas sensações. Verifique você mesmo.

Comecemos com o primeiro fator — a dor. Quando é que a maioria das pessoas de fato emagrece? Isso acontece, por exemplo, quando a pessoa em questão tem severos males no corpo e essencialmente nada lhe resta senão enfim emagrecer. Ou: você revê um grande amor depois de dez anos, num encontro de turma e, em vez de se lançar ao seu pescoço, ele ou ela diz, meio sem jeito: "Nossa, hmmm, você pulou do terceiro andar para conseguir entrar nestes jeans? Você engordou bastante!". Isso deve bastar como motivação para emagrecer. Quanto ao tabagismo, há uma medida — sem dúvida muito drástica — que raramente não gera resultados. Fumantes sob hipnose são mentalmente conectados a uma máquina de circulação extracorpórea. Então, pede-se que se despeçam de suas famílias — no "caso ideal", de seus filhos pequenos. A propósito, quanto a mim, perdi a vontade de fumar e de usar outras drogas quando trabalhei no corpo de bombeiros nos serviços de emergência, pois as conversas a caminho da clínica de pneumologia cravaram-se para sempre na minha cabeça.

Falemos agora do segundo fator — a vontade. Você também tem muita dificuldade para aprender uma língua nova? Então tome o meu tio Rainer como exemplo. Ele se apaixonara, aos 64 anos, por uma chinesa, mas infelizmente a dona de seu coração não falava nem alemão nem inglês. A vontade era maior que a dor e, em pouco tempo, meu tio Rainer falava chinês decentemente. Um outro exemplo: quando você diz no trabalho, de forma decidida, "não"? Quanto à dor, isso provavelmente só vai acontecer quando a sua mesa já não comportar nenhum papel a mais sobre ela. Se o fator vontade entra em jogo — por exemplo a expectativa de ir a um concerto à noite —, um "não" firme seria a forma de escolher, diante de tarefas adicionais. Ou: quando você realmente diz a um colega a sua opinião? Quando a tensão psicológica está tão grande que você explode? Ou quando você e o seu colega, depois de uma excursão da companhia, entraram num novo acordo e você lhe comunica num momento de paz o que te incomodava até então? Há algum tempo, tive um cliente que estava totalmente esgotado por causa do trabalho. Quando perguntado se haveria algo positivo no trabalho, ele respondeu: "Às vezes, quando alguém faz aniversário, tem bolo e espumante". Então, saúde!

Dor e vontade influenciam nossas decisões. Elas nos incentivam a mover, a mudar algo. Também só comecei a fazer mudanças depois de dolorosamente reconhecer que não vivia a minha paixão. Tudo o que a vontade ou a dor podem desencadear, vivenciei frequentemente como coach. Uma história me marcou em especial. Há algum tempo, recebi uma ligação do diretor administrativo de uma montadora de peças do ramo automobilístico. "Você é esse pássaro motivacional?", ele me perguntou. Assenti, rindo, e perguntei o que ele desejava. "Bem, nenhum dos nossos centros de custo compareceu à festa de Natal esse ano, e me pergunto se você poderia fazer algo com relação a isso", explicou-me. *Centros de custo?* Ele acabara de chamar seus funcionários de "centros de custo"? "Então, eu diria que seus funcionários provavelmente te odeiam", concluí e concordei em dar uma palestra na sua empresa.

Ainda me lembro exatamente desse primeiro encontro com os "centros de custo". Estávamos em uma sala com mesas longas e um pequeno palco. A sala estava cheia de pessoas clinicamente mortas — quero dizer aquelas que já estão mortas, mas ainda não sucumbiram. Comecei empolgado a minha palestra sobre motivação e gratidão e colhi uma mistura de olhares vazios e ignorância. De repente, um dos funcionários pulou: "Você ainda as tem todas?", gritou. "Eu faço freios, seu imbecil — vá para casa com essa sua porcaria motivacional". A sala de repente ficou viva, e os colegas ovacionaram de pé. Em 1912, o Titanic despedaçou-se num iceberg, e agora estava eu diante de um bloco similar e me esforçava para não naufragar.

Tudo certo, Tobias, novo plano! Pedi um intervalo curto e liguei para o diretor administrativo. "Há um pequeno problema com o grupo; não, para ser sincero, tenho um grande problema", sussurrei ao telefone. "Eles também, então", respondeu o chefe. "Semana passada recebemos um pedagogo empresarial que fez com que todos os funcionários fizessem eles próprios barquinhos de papel e apostassem corrida em pequenas piscinas infantis!" Agora tudo estava claro. Um pedagogo empresarial? Não surpreende que o grupo não tenha mais vontade de fazer nada.

"Tenho uma ideia!", eu disse ao diretor administrativo. E quando lhe contei o que planejava, tive que ouvir, pela segunda vez nesse dia, se ainda estava com a cabeça no lugar. Pedi, em vez de patos, 25 carros esportivos com que os funcionários pudessem brincar. Passei o resto do dia insuflando vida aos participantes, que estavam a 210 km/h na rodovia. Essas pessoas precisavam finalmente sentir o que faziam — qual era o propósito de seus trabalhos. Ao fim do dia, estávamos sentados lado a lado, com o humor consideravelmente melhor, e refletíamos sobre o dia. Um ou outro até fazia algo incomum para a nossa cultura durante o expediente: aqui e ali mostrava-se realmente um sorriso.

Perguntei ao porta-voz da manhã como ele descreveria o seu trabalho agora. Ele abriu um largo sorriso. "Faço carros de corrida, seu imbecil!" Todos riram. Mas dessa vez eu ri junto. A companhia hoje tem, a propósito, paredes coloridas, um aquário de água salgada e uma charanga própria, que anda pelas salas para garantir o bom humor. Além disso, os funcionários fazem voluntariado num jardim de infância nas redondezas e, assim, devolvem algo à sociedade. O diretor administrativo vem registrando uma evidente melhora na produtividade desde a minha participação e, frequentando diversos cursos de treinamento, mudou também o seu estilo de liderança. Ele estava especialmente grato pela queda nas taxas de doentes. É que, quando pessoas gostam de ir ao trabalho, elas não vão telefonar para dizer que estão doentes a cada resfriado.

O que aprendemos com essa história? Nada se altera sem dor ou vontade. Essas pessoas não faziam a mínima ideia de que eram, por meio de seu importante trabalho, parte de um grandioso produto final. Foi só por meio da experiência de dirigir que se deram conta disso. Se você refletir sobre mudar algo, sua próxima pergunta deveria sempre ser: por meio de quê? Onde está para você o incentivo para realmente viver a sua mudança? Dá para continuar no seu trabalho, ou você não vai para frente?

Quanto a isso, quero te contar mais uma historieta. Você conhece o conceito de termômetro e termostato? Um termômetro mede a temperatura; o termostato é responsável por estabelecê-la, regulando calor e frio e mantendo-os em certo nível. Nós, seres humanos, medimos nossa temperatura da manhã até à noite e, como nosso cérebro é programado para nos proteger de perigos, sempre vamos ao lugar em que a "nossa" temperatura confortável domina. Na caverna protetora, no entanto, crescer é difícil — mas há, em contrapartida, pessoas que reconfiguram o nosso termostato.

Eu estava num treinamento em Singapura quando, durante a pausa para o café, conheci um coach que dava tutorias nos EUA. Nós nos demos extremamente bem, trocamos ideias e, a certa altura, começamos a falar do nosso mercado. Perguntei, com extrema ousadia, quanto ele ganhava como coach. Para os americanos, a propósito, diferente da Alemanha, isso não é problema algum, pois conversas sobre dinheiro são absolutamente comuns nos EUA. Ele deu um número — 25 mil dólares — e eu lhe confirmei, impressionado, que essa era de fato uma boa quantia no mês. Ele me olhou irritado e disse: "Não no mês, meu amigo, no dia". Mal consegui manter a compostura e me perguntei: como isso é possível? Lá estava à minha frente alguém que ganhava mais num dia do que eu, quando era comissário de bordo, ganhava num ano. Nesse momento, vivi algo fascinante ao me fazer a pergunta: por que não? Se ele consegue, eu também consigo. Meu termostato, por assim dizer, acabara de ser reconfigurado, e decidi investir ainda muito mais na minha formação pessoal. Precisei me lançar a terrenos demasiado frios ou demasiado quentes para chegar mais perto do meu objetivo. Mas falemos mais sobre isso adiante.

ANOTE OS TERMOSTATOS – AS METAS – DA SUA VIDA:

1 ....

2 ....

3 ....

4 ....

5 ....

DAR EM TROCA
As quatro caixinhas e a felicidade

Já enfatizei diversas vezes ao longo deste livro como acho importante dar algo em troca. Talvez você já se tenha perguntado o que devolve a outras pessoas — e a razão por que isso é às vezes tão difícil de ser feito. Quanto a este último ponto, posso dizer uma coisa (o modelo a seguir é originalmente de um dos meus maiores modelos: Anthony Robbins): para cada um de nós, há quatro domínios na vida que têm influência sobre o nosso mundo emocional. Você conhece esses momentos na vida em que tudo é grandioso? Os momentos em que você ama a sua família, até mesmo a sua sogra, o trabalho está indo bem, e você se sente seguro e forte? Em que você está simplesmente no seu meio — você está "flutuando" e tudo parece estar bem? Nesses momentos, o que você mais gostaria de fazer seria abraçar o mundo. É nessas horas em que nós também podemos dar nosso máximo. Para alcançar esse estágio ideal, os quatro domínios de nossa vida têm que estar indo maravilhosamente. Passemos agora por eles, um a um.

Aventura
Aventuras começam sabidamente onde a rotina acaba. E tanto faz se parasita ou superestrela: todos amam pequenas e grandes aventuras. Mas cada um as define de um jeito. Para o parasita, uma única ida ao estádio de futebol já é uma aventura completa. Ele

ferve de expectativa para o jogo por semanas a fio, passa a sua camisa de time e treina o hino da torcida — tudo isso para, ao fim, irritar-se com os amigos por causa da cerveja demasiado quente. O que, no entanto, não o impede de tomar cinco ou seis — no primeiro tempo...

Se a formiga quiser viver uma aventura, ela reserva um pacote de viagem exótico, que o colega parasita fará questão de falar mal antes da viagem, algo como: "Ouvi dizer que na praia dos seus sonhos pessoas já foram atacadas por tubarões. Turistas são assaltados por locais. E faz também calor no Caribe, calor demais", e assim por diante. Mas ainda bem que você já aprendeu como pode se defender dessas bravatas parasitas no futuro: "Se você tiver o seu próprio planeta, pode fazer o seu próprio clima, caro colega. Até lá, é quente no Caribe e frio na Antártica". E assim os ladrões de sonhos se calam.

Diamantes entendem por aventura um tipo de crescimento: palestras no exterior ou uma experiência radical como escalar uma montanha estão na lista deles. E as superestrelas? Elas levam, em suas viagens, os diamantes para a montanha. Para elas não há nada melhor que puxar outras pessoas para a sua caixinha.

ANOTE ABAIXO CINCO AVENTURAS QUE VOCÊ QUER VIVER:

1 ....

2 ....

3 ....

4 ....

5 ....

Amor e relação
Aqui, você também vai achar definições bastante diversas quanto ao que torna as pessoas felizes ao se relacionarem com outras. Parasitas são, nesse aspecto, bastante egoístas. Você com certeza conhece esses casais bem específicos que vivem brigando. Que chamam um ao outro de "velha" e "velho" — casais de quem você às vezes se pergunta o porquê de ainda estarem juntos. Esses são os casais parasitas! Tenha cuidado. E, para responder à sua pergunta: eles estão juntos para não ficarem sozinhos. Eles dizem "eu te amo" apenas para receberem de volta um "eu também te amo". Parasitas também gostam de equipar o quarto com eletrônicos. Em vez de produzir com o parceiro os mais ousados filmes de aventura, o casal parasita fica deitado na cama, lado a lado, sem paixão, ocupando-se, cada um por si, ou com o celular ou com a enorme TV.

Menos exigentes são as formigas. Formigas são tão ocupadas consigo mesmas e com a própria vida que não avaliam muitas coisas tão criticamente como outras pessoas. Formigas têm, no mais das vezes, relacionamentos medíocres. Costumam estar com parceiros que os amigos da formiga não vão achar bom o suficiente para ela. Só fica perigoso quando a formiga tem um parasita como parceiro. O maior inimigo do seu desenvolvimento pessoal está com muita frequência, infelizmente, na sua cama. Isso é especialmente fatal quando um dos parceiros passou da caixinha de "parasita" para "formiga" ou de "formiga" para "diamante" e o parceiro não conseguiu acompanhá-lo.

É por isso que o diamante é muito mais seletivo que a formiga, em se tratando de escolher um parceiro. Ele não está à procura da cara metade — mas de alguém com quem possa, de alguma forma, mudar o mundo. E é exatamente isso que as superestrelas fazem com seu parceiro. Eles mudam juntos o mundo. Esses são casais que escrevem livros juntos ou fundam organizações de caridade.

"Nenhum de nós dois é perfeito, mas somos perfeitos um para o outro." Superestrelas mantêm seu relacionamento sempre fresco e comportam-se, mesmo depois de anos ao lado um do outro, como se tivessem acabado de se conhecer — como uma companhia que consegue novos clientes. Eles escrevem cartinhas de amor, fazem surpresas e ficam feliz com o crescimento pessoal de seu parceiro. Resumindo, eles ficam na fase um do relacionamento e não passam ao rotineiro serviço de atendimento ao consumidor.

A propósito, há também um pequeno e interessante teste para descobrir em que estágio o seu relacionamento se encontra: ponha este livro rapidamente de lado, digite o número da sua cara metade e diga, sem qualquer introdução, as três palavras mágicas: "Eu te amo". Se você receber em resposta algo que não: "Eu também te amo, amor", você já sabe que é preciso agir. Possíveis reações são:

— O que aconteceu?
— Você precisa de dinheiro?
— Você fez alguma burrada?
— O que você está lendo aí?
— Você esteve em algum seminário esquisito?

O QUE VOCÊ FAZ PARA QUE O SEU RELACIONAMENTO PERMANEÇA NA FASE UM OU VOLTE PARA ELA?

....

....

....

Segurança

Aqui, a pergunta central é: como você define o tema "segurança"? Parasitas têm uma opinião clara quanto a isso: o seu objetivo é o clássico emprego vitalício. Como eles, no entanto, veem esse vínculo ao mesmo tempo como um fator perturbador em suas vidas, parasitas procuram um emprego em que não precisem trabalhar demais por nem um minuto. Por isso perguntam nas entrevistas de emprego, em primeiro lugar, pelos intervalos e possibilidades de tirar folgas em razão de horas extras trabalhadas. Trabalho como paixão? Inimaginável. Trabalho para parasitas significa fazer dinheiro para poderem arcar com as coisas que gostariam de ter. Cigarros, por exemplo. Estes também viram, então, uma maravilhosa desculpa para muitas pausinhas no dia, nas quais eles podem trocar opiniões sobre as péssimas condições de trabalho.

O parasita é essencialmente incapaz de valorizar a sua segurança, pois ele, em princípio, está ocupado reclamando como as coisas realmente estão indo mal para ele. Café fraco demais, que não o mantém acordado o suficiente para trabalhar, café forte demais, que lhe causa taquicardia. Ele reclama sobre o mau salário, mas é o primeiro a gastar cem euros em raquetes na manhã de Ano-Novo. Ele investe, em primeira instância, em coisas que o anestesiem de sua vida horrível: álcool, assinaturas na TV ou jogos de azar. Ele se fecha, sobretudo, contra qualquer mudança e fica com um cartaz "Sou contra!" diante dos portões da fábrica em vez de comportar-se positivamente na firma e fazer-se assim benquisto e indispensável. E adivinhe quem é o primeiro a ser demitido quando os negócios não estão indo muito bem? Correto, o parasita. Nesse caso, nem mesmo o sindicato consegue ajudá-lo, pois toda companhia sabe com quem está lidando.

Mais uma dica: toda tentativa de converter parasitas ou mostrar-lhes o caminho para fora de sua bagunça — por exemplo, uma nova oportunidade de negócio — é completamente inútil. Eles vão sempre te enumerar mil razões por que a sua ideia jamais daria certo. Uma resposta clássica, por exemplo, é: "Eu já trabalho aqui no depósito faz 21 anos, eu sei o que na vida funciona e o que não". Sério?

Formigas entendem por segurança uma série de medidas preventivas. Elas, via de regra, depositam todo mês algo em sua poupança e são extremamente bem seguradas. Elas sabem exatamente quando o seu ônibus vem, compram presentes de Natal com semanas de antecedência e fazem seus estoques para os feriados muito antes dos demais. Isso faz com que a formiga seja muito mais relaxada que a maioria de seus colegas. A formiga gosta de ter um emprego fixo — frequentemente também um trabalho em que haja um código de vestimenta ou em que ela tenha que usar um uniforme. Isso lhe dá um sentimento de segurança. Do seu salário, ela se dá ao luxo de uma grande viagem de férias anual, que planeja com antecedência, ou também um pequeno jardim. Ela desfruta de um bom luxo de classe média.

Diamantes só se sentem seguros no progresso. Eles precisam do sentimento de ter avançado todos os dias um pequeno passo na sua evolução. Diamantes se cercam preferencialmente de outros diamantes, para que se lapidem mutuamente. Assim fortalecidos, propõem-se sempre novos desafios, como por exemplo o do empreendedorismo. Eles não têm medo dos riscos que os parasitas, mesmo sem terem sido chamados, gostam de enumerar, porque sabem instintivamente o que precisam fazer por si mesmos para obter sucesso. Eles estão em constante desenvolvimento, são parte da inovação e estão dispostos a correr riscos. E eles são abertos — abertos para a vida e para as oportunidades que ela oferece. O ambiente adequado é, portanto, o fator de segurança mais importante para diamantes.

Superestrelas, via de regra, apanharam diversas vezes da vida antes de chegarem à sua caixinha. É por isso que não têm medo dos altos e baixos. Sua segurança também se deve a seu ambiente, que consta de outras superestrelas e diamantes. A superestrela sabe que, em tempos difíceis, são as pessoas à sua volta que a apoiam. Sua segurança nasce de sua tentativa de engrandecer cada vez mais diamantes e, assim, fortalecer a sua base. É frequente que a superestrela promova projetos sociais, pois sabe intuitivamente que é dando que se recebe.

ANOTE CINCO PONTOS QUE TE OFERECEM SEGURANÇA:

1
....

2
....

3
....

4
....

5
....

Importância
Este é um modelo básico do pensamento humano — damos à vida ou às coisas uma importância. Quando você se sente importante? Também aqui há claras diferenças entre parasita, formiga, diamante e superestrela.

O parasita só se sente importante em pouquíssimos momentos. Estes incluem, por exemplo, experiências no grupo. Quando está numa fileira no estádio com outros torcedores, com a mesma camisa de time, e entoa junto o hino da torcida, então o parasita tem a sensação de ser um pequenino elo numa importante corrente. "Assim são os vencedores", vociferam a plenos pulmões. Eu, pessoalmente, acho futebol e essa sensação de pertencimento fantásticos. Mas, vendo de fora, apenas um ganhou, e este é o time. Cinco mil pessoas acabam de comprar um ingresso por 25 euros — ou seja, 125 mil euros para a bilheteria. "Assim são os vencedores!" Se damos importância a algo em nossas vidas ou fazemos dela importante, ela se torna maior — eu já comparei isso, em capítulos passados, com um leque com o qual se abana ar a um fogo e, assim, o faz crescer. Essa imagem também cabe muito bem aqui.

A formiga sente a própria importância frequentemente num grupo que tem um interesse em comum — por exemplo, no Carnaval ou em festividades do bairro. Diamantes costumam sentir a sua importância em cursos de formação comuns, em se tratando do crescimento próprio e dos outros. E a superestrela? Ela organiza a aventura dos outros e fica feliz com o resultado. Há na internet uma página que sempre me encoraja a ajudar outros ainda mais em seu crescimento pessoal: WWW.YOUTUBE.COM/SOULPANCAKE.

Agora você conheceu os quatro domínios da vida que podem nos fazer felizes. Só quando você estiver satisfeito com todos esses domínios é que também pode dar algo em troca. Por isso, minha pergunta para você é: com que frequência está realmente satisfeito? Você sabe onde está a diferença entre formiga, parasita, diamante e superestrela? Quais passos você ainda tem que dar para levar uma vida autônoma e feliz? Quantos riscos você está disposto a correr para o seu progresso? Você vê, antes, a chance ou o risco? Como gostaria de garantir que seus quatro domínios/

caixinhas sejam preenchidos? Este capítulo é um dos mais importantes quando se trata de realmente querer mudar algo na sua vida. Tire um tempo para pensar bem sobre onde você está atualmente e aonde quer que a sua viagem com este livro te leve. Agora, vou te dar algumas linhas de espaço para as suas anotações e pedir que preencha a roda da vida.

A roda da vida

A roda está seccionada em diversos domínios da vida:

— Amor e relação
— Segurança
— Aventura
— Importância

MARQUE O SEU ESTADO "ATUAL" NAS ÁREAS INDIVIDUAIS:

I. Amor e relação
II. Segurança
III. Aventura
IV. Importância

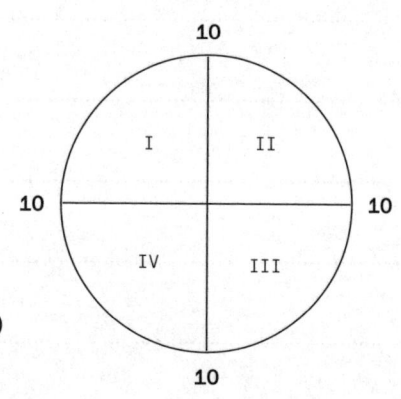

O meio do círculo = 0 (não existente)
Anel externo = 10
(completamente existente)

Só quando a sua roda gira bem é que você consegue devolver algo a outras pessoas. Só então começa sua viagem rumo a se transformar em uma superestrela.

SEU ESPAÇO PARA NOTAS
REFERENTES A ESTE CAPÍTULO:

Antigamente era tudo melhor!

Será mesmo? Com muita frequência, ouço pessoas falarem sobre o passado de forma muito positiva, como se antigamente tivessem vivido no paraíso ou num outro planeta. Nosso cérebro faz isso, a propósito, de maneira automática. Com o passar dos anos, apagamos as memórias negativas e focamos apenas nas boas experiências. Eu vivencio isso com frequência, em meus treinamentos, quando pessoas falam sobre uma relação terminada que não conseguem superar. De repente o cérebro afunda tudo numa luz rosada e toda a dor passada é esquecida. Algumas montam em casa até mesmo um altar com fotos do casal, põem para tocar a música favorita dos dois e cheiram nostálgicas a camiseta do ex.

Considero isso pouco inteligente, pois nossa vida é curta demais para ficar chorando as mágoas e gastar energia nisso. Na Idade da Pedra, as pessoas não tinham tempo algum para tal disparate, tratava-se da crua sobrevivência. As memórias negativas eram suprimidas; as positivas, salvas. Por quê? Imagine que você fosse um neandertal e deixasse a sua caverna para caçar — e, como num flashback, se visse forçado a pensar sempre que, no dia anterior, você por pouco havia escapado das garras de uma ave de rapina. Esse pensamento seria inibidor, e por isso o lema já à época era: "Suprimir em vez de morrer de fome". A parte mais nova do nosso cérebro, o córtex pré-frontal, que é responsável por esse mecanismo de defesa — e fico feliz que ele exista. No entanto, precisamos todos viver com o nosso passado, que nos marcou e não é possível extingui-lo por meio de discussão. Dirigimos pelo mundo como um carro velho e surrado, mais cedo ou mais tarde com algumas batidas e arranhões, nos esforçando sempre para manter o motor funcionando. E são exatamente esses riscos que pertencem a você, que te tornam único e um presente para outras pessoas.

Sou completamente solidário com os seus riscos e acredito que é por isso que estamos aqui. A Terra não é um planeta da felicidade, mas um planeta de aventuras. Todas as pessoas andam pela região com uma mochila cheia de pedras na forma de preocupações, problemas e desafios. Você não está sozinho! Todo mundo faz isso. O importante é apenas que você tire as pedras da mochila e lide com elas, em vez de contar a todos continuamente como está mal. Pare de se definir pelo seu passado. Desfrute a partir de agora de cada segundo, pois a sua vida acontece exatamente nesse momento — no aqui e agora. Gosto de imaginar a história de cada pessoa na forma de uma curva de ações. Quem é que decide como a linha segue a partir de agora? Isso mesmo, você!

Tire algum tempo e trace o curso pessoal da sua vida. Observe atentamente às suas curvas e às suas oscilações para cima e para baixo. Fale com os seus amigos a respeito e garanta que o curso, a partir de hoje, aponte para cima.

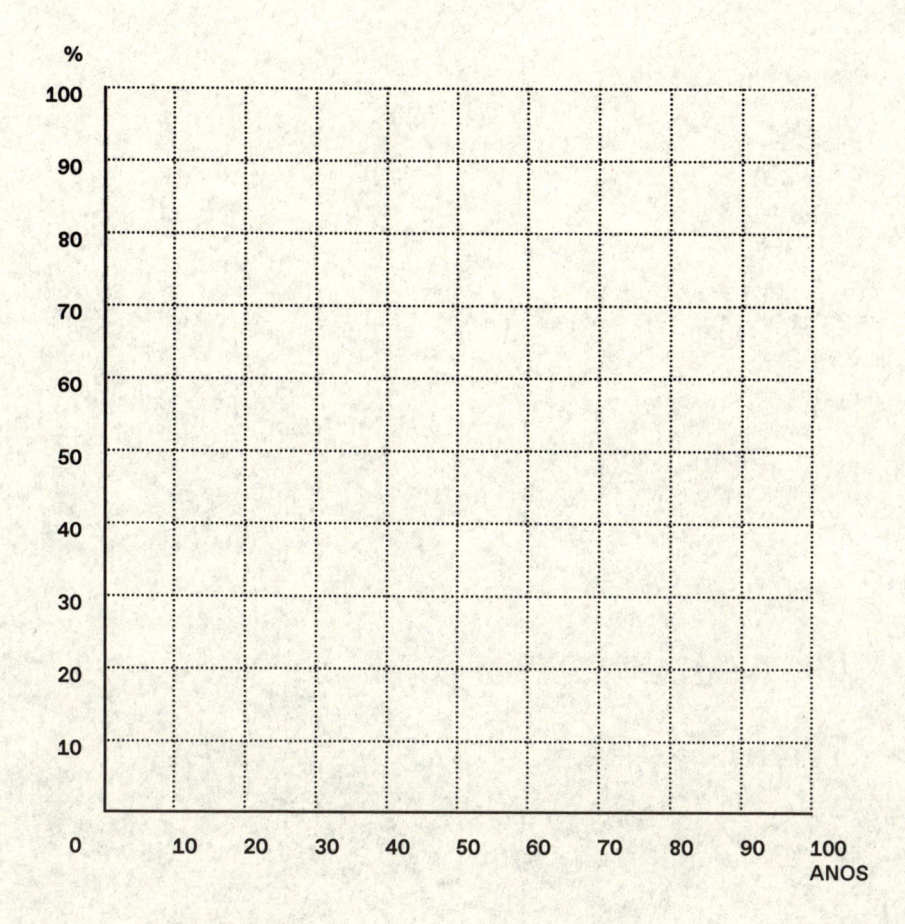

%
100
90
80
70
60
50
40
30
20
10
0   10   20   30   40   50   60   70   80   90   100
                                                  ANOS

Guia de programação para os seus neurônios-espelho

Agora você já desenvolveu as primeiras ideias concretas para a sua nova vida. Já pôde refletir sobre o que a sua paixão e os seus propulsores internos poderiam ser e como define o que é aventura, amor, segurança e importância. Agora é hora de mudar algo. As quatro letras para a felicidade e o sucesso na sua vida são: A-Ç-Ã-O. Pare de apenas refletir e falar a respeito. Faça logo! Concretize! Surpreenda todo o seu ambiente com resultados em vez de apenas contar o que pensa.

Além disso, eu te aconselho a mudar algumas coisas na sua vida por completo. Você se lembra dessas coisinhas na sua cabeça que se esforçam para se adaptar ao ambiente? Ainda se lembra? Isso mesmo, os seus neurônios-espelho. Para que a mudança ocorra, primeiro, você precisa mudar a dieta dessas células nervosas. Algumas coisas que estou te dizendo são detalhes, quanto a outras você talvez vá dizer: "Como você espera que eu faça isso, eu simplesmente sou assim". Por isso, minha primeira dica para você é: crie um quadro de visões. Tire um tempo para você e a sua nova vida e compre uma folha grande ou uma cartolina em formato A1, algumas revistas, bem como tesoura e papel. Folheie as revistas em busca de imagens que te atraiam espontaneamente. Como você imagina a sua nova vida, o seu novo eu? Onde você mora, o que você faz, o que te move, o que te realiza, o que você quer alcançar?

Recorte todas as imagens que despertem uma boa sensação em você. Quanto mais forte a sensação que você alia a essa imagem, melhor. Cole agora todas as imagens na cartolina e a pendure num lugar pelo qual passe automaticamente diversas vezes ao dia. Sobre a sua cama, ao lado da sua escrivaninha, na porta da geladeira — tanto faz, o principal é que você a veja sempre que possível. Se você passa muito tempo fora de casa, então fotografe a cartolina e a ponha como plano de fundo no seu celular. Agora tire algum tempo, diversas vezes ao dia, para olhar para o seu quadro de visões. Sinta a energia que cada uma das imagens te passa. Isso vai te lembrar de como mesmo o menor dos passos da mudança é importante, e te motivar a seguir adiante. Caso você tenha um parceiro, o melhor é integrá-lo nesse passo. Nesse caso, vocês sempre podem lembrar um ao outro de seus objetivos e visualizá-los.

E aí, você está pronto para reprogramar seus neurônios-espelho? Então comecemos agora! Por experiência própria posso dizer que as afirmações funcionam maravilhosamente: em 1999, escrevi uma carta para mim mesmo e defini metas para 2020. De tempos em tempos, reli essas linhas e, até o momento (2018), já atingi algumas dessas metas.

FAÇA AQUI ALGUMAS NOTAS COM COISAS QUE NÃO PODEM FALTAR NO SEU QUADRO DE VISÕES:

....

....

....

....

....

....

Risque palavras de fuga do seu vocabulário
Gostaria de saber com que frequência no dia você usa estas palavras: bem, possivelmente, normalmente, difícil dizer, quem sabe, talvez, poderia ter, teria...? Você sabe como eu chamo essas palavras? Palavras de fuga. Algo drástico, mas apropriado. Seja finalmente concreto! Quantas pessoas no seu ambiente você conhece que fundamentalmente não conseguem tomar uma decisão? Que sempre mantêm uma portinha dos fundos aberta — tanto faz se se trata de um sorvete, da próxima reunião ou de um carro novo?

E agora pense como essas pessoas agem sobre você. Talvez te venha à mente alguns bons amigos ou colegas legais, que você não considera parasitas. É verdade. Mas pessoas que usam essas palavras com frequência nunca serão uma coisa: realmente bem-sucedidas! Sucesso e felicidade são o resultado de decisões claras — a consequência de ousar algo, de fazer diferente. A isso se aplica uma reflexão do seu dia a dia: em quantos produtos o seu coração se apega pelo simples fato de serem completamente diferentes? Pense, por exemplo, no seu celular, seu carro, seu computador. Quais grandes fabricantes que são realmente bem-sucedidas te vêm à mente? E por quê? Porque elas são diferentes. Porque elas tomaram a clara decisão de querer fazer algo diferente.

Isso vale basicamente para todas as pessoas bem-sucedidas. Eu te recomendo ler tantas biografias quanto possível. Lá você vai topar repetidas vezes com pessoas que, a certa altura de suas vidas, resolveram ser diferentes. Então, tome uma decisão e a mantenha!

Não faz mal se for a decisão errada. Decisões equivocadas te fazem crescer. Pare hoje de diminuir a si mesmo e de contar a si mesmo e a outras pessoas mentiras quanto ao porquê de você não conseguir chegar ao topo. Se o seu lado mais fraco se fizer presente, diga-lhe que deve voltar depois, pois o seu dono tem uma missão.

Se você próprio estiver à procura de um conselho ou de uma opinião: você pergunta para pessoas que te respondem com "bem", "difícil dizer" e "quem sabe"? Não! Você pergunta às pessoas que sabe serem honestas. E, na direção inversa, você também pode dar um feedback honesto sem "bem" e "quem sabe" — e, ainda assim, não vai magoar ninguém. Deixe-me apresentar, ainda, a minha palavra de fuga favorita: "se". Com certeza você já pensou em algumas pessoas que gostam de usar essa palavra. Elas dizem por exemplo "É assim que se faz" — e a quem elas se referem? A elas mesmas! Essas são pessoas que ficam à noite jogadas no sofá e dizem "Seria necessário que se praticasse mais esporte". Mas isso é exatamente o que essas pessoas nunca fazem. Elas só falam a respeito.

E mais uma coisa: pare, por favor, de viver no passado e, a partir dele, derivar conexões com o presente. Há pessoas demais que se queixam de que poderiam ser mais bem-sucedidas, mais apaixonadas, mais ricas, se apenas tivessem antigamente... Coisas do seu passado você não consegue mais mudar. Diga à vozinha interior na sua cabeça que PODERIA ser ainda pior, e permaneça no presente. Só você pode influenciar ativamente — e o melhor é que o faça sem palavras de fuga.

Alimente o seu espírito

Pergunta de ouro: o que você faz quando volta para casa depois de um longo dia de trabalho? Para milhões de alemães, a resposta é clara: assistir à televisão ou jogar no computador. E agora vem uma das sugestões que, presumo, você vai achar maluca. Recomendo que você diminua o seu consumo televisivo massivamente. Por quê? Porque a televisão é uma máquina aniquiladora de produtividade. Você já teve a sensação, após algumas horas de consumo televisivo, de que os seus pensamentos estão de alguma forma nebulosos? Isso já é até mesmo comprovado cientificamente. Em diversas pesquisas constatou-se que assistir à televisão gera ondas alfa no cérebro humano. Ondas alfa são ondas cerebrais entre 8 e 12 Hertz e são geralmente associadas a estados relaxados e meditativos do cérebro.

Embora ficar pouco tempo nesse estado possa ser absolutamente vantajoso, um longo consumo televisivo leva ao exato oposto: à incapacidade de concentração. Portanto, quem assiste à televisão por muito tempo, poderia muito bem encarar uma parede branca. Você quer fazer isso com o seu cérebro? Conforme a Agência Federal de Estatística da Alemanha (StBA), os alemães entre 14 e 69 anos assistem diariamente cerca de 220 minutos à televisão (2018). E você ainda se espanta com o fato de ninguém mais ter sonhos? De as pessoas terem desaprendido a se comunicar umas com as outras? Aí as pessoas assistem horas a fio a programas sobre emigração em vez de simplesmente planejar elas próprias uma viagem! Casais espantam-se com o fato de seu relacionamento não funcionar bem, porque tudo o que ainda funciona é a televisão. E o melhor é que ela fique no quarto!

Famílias inteiras ficam juntas, lado a lado, por horas a fio. O entretenimento é a televisão quem assume. Mas aqui — diferente do tempo na escola, por exemplo — está em suas mãos participar disso ou não. Eu não digo com isso que você nunca mais deveria assistir à televisão, mas eu te recomendo duas coisas: restrinja seu consumo massivamente e, o que é ainda mais importante, preste atenção ao que vê! Há também televisão parasita! Sim! Programas inteiros que se preenchem com as injustiças deste mundo. Doenças, pobreza, o Estado maldoso — tudo isso é veneno para você. Especialmente antes de ir dormir.

Eu já te contei do meu trabalho num laboratório do sono? Isso foi durante a minha graduação em psicologia. Nessa época, topei com incontáveis pessoas que reclamavam sobre o fato de não conseguirem dormir. Depois que as pusemos num sono artificial, a razão para o seu sofrimento foi, em muitos casos, rapidamente encontrada: o programa televisivo. Os pacientes, em suas fases de sono inquietas, emulavam filmes de terror inteiros, com motosserras, machados e violência física. Portanto: preste atenção ao que assiste.

Além disso, muitos programas têm apenas o objetivo de fazer com que o parasita ainda possa reclamar um pouco sobre o ocorrido com os colegas na manhã seguinte, durante a pausinha do cigarro. É que há provas suficientes de como este mundo é horrível. Assim estaríamos de pronto num outro ponto importante: pare de assistir às notícias. Presumo que você agora pense que o Tobias não esteja mais muito bem da cabeça. Fato é que você precisa, afinal, saber o que acontece no mundo. Caso contrário, você não seria instruído. Acredite em mim: instrução não significa sempre saber bem quais crueldades ocorrem neste mundo. Instrução é aquilo que te faz crescer e te dá uma sensação boa. Além disso, você saberá das coisas que realmente são importantes, de todo modo, por meio do seu ambiente. Olhe essas pessoas como o seu filtro pessoal e pare de encher o seu cérebro com coisas superficiais. Na sua vida, deve acontecer mais que só a televisão. Portanto, desligue a máquina aniquiladora de produtividade.

Há uma alternativa atrativa com a qual você pode encher a sua cabeça de uma forma que faça sentido: formação complementar e livros! Você ainda se lembra da maravilhosa dica que recebi de um passageiro na primeira classe? "Tudo o que você recebe com os seus olhos e ouvidos mais cedo ou mais tarde sai da sua boca!" É, portanto, mais importante nutrir a sua cabeça com coisas boas. Leia livros! Tantos quanto puder! Biografias ou obras sobre motivação e desenvolvimento. No meu site, você encontra recomendações de livros, em inglês, HTTPS://TOBIAS-BECK.COM/EN/BUCHTIPPS. Algumas sugestões estão também ao fim deste livro. A propósito, você também pode muito bem consumir audiobooks a caminho do trabalho ou enquanto pratica esporte. Torne-se um profissional em usar seu tempo da melhor forma, para que continue sempre se aprimorando. Ouça podcasts. Programas de especialistas que passam seu conhecimento adiante de forma totalmente gratuita.

Se você investir apenas uma hora por dia em si mesmo, já consegue, depois de 365 dias, ver resultados surpreendentes. Se você quiser e se ativer a todas as regras, você também terá em breve, enfim, um MBA especial: uma "massive bank account". Eu, pessoalmente, continuo a me aprimorar na forma de palestras, em que, diferentemente da escola ou da universidade, posso comprar conhecimento de nicho — oferecido e transmitido por pessoas que conseguiram exatamente o que quero um dia alcançar. Desde 1998 eu investi, de acordo com o meu contador, cerca de 250 mil euros em minha formação pessoal. Por quê? Porque isso ninguém pode tirar de mim. Formação pessoal, a propósito, não tem que ser necessariamente cara, pois há hoje em dia cursos on-line excelentes e, ainda por cima, gratuitos.

WWW.TED.COM
WWW.EDX.ORG
WWW.YOUTUBE.COM/USER/BECKTOBIAS

Uma outra vantagem: em treinamentos, você vai encontrar pessoas que vibram na mesma sintonia que você. Pessoas com as quais você pode conversar sobre o seu tema. Em nenhum outro lugar você tem a chance de encontrar tantos diamantes com um só golpe. Conecte-se com essas pessoas. Ouça as suas histórias. Isso não soa muito mais empolgante que assistir a um programa que você já viu algumas vezes? Em palestras você tem, além disso, a chance de conhecer mentores pessoais — pessoas que te puxam para a próxima caixinha. Organize um encontro de mentes brilhantes na sua cidade. Eu, por exemplo, parto regularmente em viagens de esqui com o meu grupo de mentes brilhantes. Após algumas descidas, sentamos juntos a uma mesa e pensamos sobre como podemos mudar o mundo. Acredite em mim: não há melhor caminho para sonhar grande e fazer o seu horizonte e a sua capacidade crescerem do que se cercar de diamantes e superestrelas. E faz todo o sentido ter ao seu lado pessoas com visões de mundo totalmente diferentes e de outros ramos, pois também com elas você pode aprender. Preste atenção nisso, porque, ao contrário, você só viaja sozinho e isso não faz sentido algum.

Tire algum tempo, consciente e regularmente, para ler. Os primeiros quinze minutos da manhã, para acordar, alguns minutos logo depois do fim do expediente ou a última meia-hora antes de ir dormir — tanto faz que tempo você reserva para isso. Mas se dê esses espaços livres. Olhe livros como o que são: a possibilidade de absorver o valioso conhecimento de um especialista por um preço irrisório. Concentre-se plenamente nessa sensação — então você vai saber valorizar cada linha que lê.

Seja um modelo

Sabe esses dias em que tudo dá errado? Em que você precisa de café assim que sai da cama? Em que o rádio toca a música errada, as pessoas na rua te irritam e o que você mais quer é ficar em paz? Transponha-se mentalmente para um desses dias. Como você se apresenta? Como se conecta com outras pessoas? O que você diz a um colega que te pede alguma coisa? Como cumprimenta a sua família depois de um dia assim?

ANOTE BREVEMENTE OS SEUS PENSAMENTOS QUANTO AO SEU ESTADO NESSES DIAS:

....

....

....

....

....

....

Esses dias terríveis são dominados pelo seu "eu inferior". E há, claro, também uma contrapartida a isso: o seu "eu superior". Nos dias em que o seu "eu superior" domina, o que você mais gostaria de fazer seria abraçar o mundo todo e tirar muito tempo para outras pessoas e suas necessidades. Em dias assim, você canta — embora esteja preso no trânsito — a plenos pulmões cada música do rádio, come a sua comida favorita ao chegar em casa e, apesar da chuva, o sol brilha. Você sabe o que quero dizer?

REFLITA BREVEMENTE DE QUE VOCÊ É FEITO EM DIAS ASSIM:

....

....

....

....

....

....

Agora tenho uma sugestão maluca para você. O que acha de fechar um pacto comigo? A partir de hoje, você promete ser a melhor versão de si mesmo todos os dias. Sim, estou falando sério! Vá lá, pense bem: não seria genial chegar a cada dia um pouquinho mais perto do seu "eu superior"? Como isso ocorre? Com você começando do zero. Mesmo que você esteja agora preso no seu "eu inferior", você tem a qualquer momento o poder de decidir por quanto tempo isso vai durar. Minha sugestão: tire uma foto com o seu celular das anotações que fez e as leia nos momentos em que estiver no seu "eu inferior". Decida: o que você quer irradiar? O "eu inferior" ou o "eu superior" descrito?

Leia-as em voz alta e decida-se. E então comece do zero: deixe a família com as crianças passar à sua frente na longa fila de espera e observe as reações. Sorria para uma pessoa na rua e veja o que você recebe em troca. Ponha o seu CD favorito para tocar, quando o rádio te der nos nervos. Tire a si mesmo por um momento da agitação do dia a dia e alegre-se com a margarida que cresce no meio da rua. Valorize os pequenos milagres de sua rotina. E mais uma coisa: ser a melhor versão de si mesmo é especialmente importante se você tem filhos. Eles dispõem de grande sensibilidade e percebem de cara quando você está no seu "eu inferior". Nesse estado dizemos coisas que, na verdade, não tínhamos intenção, mas que têm grande efeito sobre os nossos filhos. "Não seja chato", "Você não consegue fazer isso", "Você não é inteligente o suficiente para isso", "Não seja um bebê chorão"!

Você se lembra dessas frases saindo da boca dos seus pais? O que elas fizeram com você? Também parceiros, amigos e família se tornam facilmente vítimas do nosso "eu inferior". Então tome uma decisão consciente — para você e para o seu ambiente. Em muitas situações sempre vêm à tona ambas as vozes interiores. Dê, por exemplo, deliberadamente, o primeiro valor que te vier à mente como gorjeta num restaurante, se o serviço tiver sido bom. Não é a voz racionalizante que deve prevalecer nessa decisão. Numa conta de mais de onze euros você pode simplesmente dar, seguindo o seu instinto, vinte euros — e aí você vai ver o que desencadeia com isso. O universo opera com a lei da ressonância e, bem como na história da gaivota no cruzeiro, você agora está atraindo, na direção inversa, coisas boas, se está fazendo o bem.

Pare de se comparar
Quero agora te dar uma dica que é especialmente importante se você quer de fato ser feliz na sua vida: pare de se comparar o tempo todo. Inveja e ressentimento são seus maiores obstáculos para ser bem-sucedido. Por quê? Porque você concentra a sua energia no que não tem. E é exatamente isso o que é errado. Você já ouviu falar na lei da atração? Você recebe aquilo em que você se concentra. Foi por isso que te sugeri criar um quadro de visões e focar nos seus desejos e no que te traz alegria.

Essa é exatamente a razão por que parasitas nunca serão de fato felizes e bem-sucedidos. Eles direcionam seus focos desde a manhã até à noite apenas no que é ruim em suas vidas. Sejamos claros: se você acredita que não tem nenhuma chance de subir de cargo no trabalho, então será assim. Se você pensa que nunca vai alcançar o peso que deseja, de forma alguma, a sua próxima jornada vai levá-lo às batatas fritas. E se você se convence de que é um azarado, a vida vai te presentear com meias velhas em vez de ouro. E essa crença não vai mudar se você se comparar com outras pessoas.

O que aprendemos? Por meio de que algo vai mudar na sua vida? Correto! Por meio de dor ou vontade — e por meio da sua paixão de encontrar o seu propulsor interno. Comemore todos os dias as coisas que você possui e direcione a sua energia para o que deseja alcançar. Inveja e frustração vão tirar essa energia de você. Se amigos e conhecidos alcançam algo, então alegre-se com eles. Comemore com eles o fato de que avançaram mais um passinho em direção à próxima caixinha. Você pode, ao mesmo tempo, comemorar o fato de que são as pessoas certas que te cercam. Lembre-se: você é a soma das cinco pessoas com quem passa a maior parte do tempo. E o que isso quer dizer para você? Se essas pessoas avançam, você também o fará. Isso não é incrível? A propósito, você sempre vai encontrar pessoas que estejam "acima" e "abaixo" de você, e é por isso que a comparação com outras pessoas não faz sentido algum.

Torne-se a superestrela da sua própria vida e dê algo em troca

Pergunte-se o que você, pessoalmente, dá em troca em sua vida. Você consegue imaginar algo mais incrível que mudar diariamente, para melhor, a vida das pessoas à sua volta? Realmente ter algum efeito? Ainda por cima com o que você ama? Muitas pessoas são principalmente movidas por aquilo que, ao menos de acordo com a sua concepção, as fazem felizes: dinheiro e/ou uma posição de poder. Tire algum tempo para observar essas pessoas consideradas bem-sucedidas. Muitas delas parecem, vistas de fora, marionetes. Conheço algumas pessoas que têm milhões na conta. Isso faz feliz? Não. Estudos comprovam que pessoas que dispõem de mais de 75 mil dólares (cerca de 61 mil euros) por ano têm uma sensação de felicidade mais pronunciada que grupos de controle que ganham menos. Qualquer coisa acima disso não torna ninguém necessariamente mais feliz. Interessante, né? Muitos dos mais abastados estão presos num sistema de que não saem mais. Eles se escondem atrás de uma máscara de consumo e pretensa sorte comprada. Será que conhecem a felicidade de dar algo em troca?

 Ouse manter os seus sonhos e mostre-se como de fato é. Livre-se do que outros esperam de você e reflita sobre o que realmente te move. Quais experiências você teve? Quais pontes atravessou? Quais dores superou? De que você é feito quando lida com outras pessoas? Com que tipo de pessoas você quer se cercar?

E SOBRETUDO:
COMO VOCÊ PODE AJUDAR OUTRAS PESSOAS
E DAR ALGO EM TROCA?

....

....

....

....

....

....

Por que tudo isso?

Neste capítulo, quero esclarecer por que é tão importante para mim que você alcance os seus objetivos e deixe bem claro para si e para os outros o que quer e o que não. Quero te dar a força para que, quando algo não te agradar, você se imponha. Eu mesmo, quando criança e jovem, tive que vivenciar de forma muito dolorosa como é quando alguém tenta anular a vontade de outra pessoa.

Tudo começou de modo totalmente inofensivo, quando minha mãe, no verão de 1988, procurou uma vaga no jardim de infância para a minha irmã mais nova. Eu tinha onze anos e ainda me lembro bem das infindas esperas no carro superaquecido quando íamos a todas as creches em Wuppertal e só recebíamos negativas. Mas um dia a nossa sorte mudou: minha irmã havia, com enorme sorte, conseguido uma vaga numa creche privada e eu deveria ir para lá depois da escola para supervisionar as tarefas de casa. Isso também parecia uma boa ideia, levando em consideração as minhas péssimas notas — ao menos era o que eu pensava à época.

Para encurtar uma história bem longa: fomos aos poucos — e sem que nos déssemos conta disso — arrastados para uma das piores seitas que havia na Alemanha. Tudo o que agora estou te contando deve deixar um pouco mais clara a razão por que nunca mais na vida vou deixar que me proíbam de falar. Olhando para trás, é um mistério para mim por que pessoas adultas e instruídas participam de tais práticas. Depois de pouco tempo, toda a nossa vida ocorria na "comunidade", e de inofensivas horas de leitura da Bíblia nasceu um pérfido construto que não se relacionava com o mundo "lá fora".

É verdade que eu podia continuar indo à escola pública, mas fui proibido de ter contato com os meus colegas da escola, e ao passo que outras crianças liam a revista *Bravo* e assistiam à televisão, isso era demonizado e punido. Eu era frequentemente punido nessa época, porque mesmo quando criança eu não gostava que me dissessem o que fazer. No entanto, quando fui pego assistindo à televisão, me ameaçaram com uma punição de que eu temia havia muito tempo. Todo domingo, "pecadores" eram levados à frente da comunidade e humilhados em público. Eles eram postos numa plataforma e iluminados com um forte holofote. Então todos os membros (algo entre 200-300 pessoas) gritavam, por horas a fio, com a pessoa, até que esta confessasse seus "pecados" e implorasse por misericórdia. Agora tinha chegado a minha vez. Essas cerimônias eram sempre realizadas quando não havia nenhum outro membro da família presente — então eu não podia esperar apoio algum.

A caminho da plataforma, chutei, mordi e resisti às lágrimas, com pés e mãos. Foi em vão. Lá estava eu numa cadeira, sob a luz brilhante do holofote, e todos gritavam comigo, até que prometi em algum momento que não iria pecar de novo. Em seguida, fui algemado a uma casa de madeira no jardim para refletir sobre os meus "pecados". Esse é um período terrível e longo que eu gostaria de esquecer. No entanto, em vez de reclamar sobre a minha claustrofobia, que vem à tona frequentemente desde esse episódio, tirei vantagem do meu passado. Transformei a minha tristeza e frustração em fúria, da qual acabou advindo uma missão de vida: quero engrandecer as pessoas para que nunca lhes aconteça algo semelhante a isso.

Eu achava especialmente assustador, à época, o fato de que todas as mulheres que faziam parte da comunidade andavam aos sábados para lá e para cá com lenços na cabeça e se comunicavam numa língua própria — a língua dos anjos, que constava de estalos. Ainda hoje tenho pesadelos com isso. Casavam-se homens e mulheres sob ordem da "direção", tanto fazia se se gostavam ou não. Só colocavam sacos de batata sobre as suas cabeças e, quando lhes era permitido enxergar de novo, o seu novo parceiro de vida estava à sua frente. Trancavam algumas crianças com pão e água numa tentativa de anular a sua vontade, mas depois da humilhação pública fui poupado dessa tortura.

Só quando meus pais estavam prestes a se separar — porque meu pai se recusava a entregar um quarto de seu salário para a seita — é que todos se deram conta do que acontecia ali. Rompemos com aquilo. Semanas depois, carros estranhos estacionavam à frente da nossa casa, e o telefone tocava noite e dia — tudo numa tentativa de nos fazer voltar. Depois desse péssimo período, eu tinha 0% de autoconsciência e minha imagem pessoal era catastrófica. Eu tinha medo de me engajar em relações com outras pessoas e permitir proximidade, porque eu tinha medo de ser machucado de novo. Nesse meio-tempo, aprendi a aceitar o meu passado como um presente e parte da minha personalidade. Estamos todos aqui para aprender, e eu aprendi muito à época.

REGISTRE AQUI QUAIS SITUAÇÕES NEGATIVAS DO SEU PASSADO TE MARCARAM:

....

....

....

....

....

O QUE VOCÊ APRENDEU DELAS?

....

....

....

....

....

QUAIS SITUAÇÕES RUINS NA SUA VIDA
TE TORNARAM FORTE?

....

....

....

....

....

**Não peça permissão
a ninguém**

Você é o capitão da sua vida e nem a casa dos seus pais, a sua formação escolar ou qualquer outra coisa do seu passado é responsável pelo seu sucesso. Isso também significa que você não precisa pedir permissão a ninguém para viver o seu sonho. Todas as pessoas bem-sucedidas são fazedoras, não apenas pensadoras. Para tornar-se autônomo, por exemplo, você precisa de uma boa ideia de negócio, de disposição para trabalhar no seu sonho dia e noite, e de uma licença comercial — isso é tudo. Eu também não perguntei a ninguém à época se fazia sentido oferecer palestras abertas ao público ou gravar o meu podcast *Bewohnerfrei* [Antiparasitas]. É que no momento em que você pergunta a outras pessoas, você próprio já boicota o seu projeto.

Por quê? Tomemos como exemplo as minhas palestras abertas ao público. Presumo que muita gente a quem eu teria pedido conselho a respeito teria dito: "Tobi, há já tantas palestras abertas, e suas palestras empresariais já estão indo bem". Nesse momento, meus pensamentos já teriam ido na direção errada. Sem esses conselhos, no entanto, eu estava totalmente livre: quase explodi de entusiasmo quando me dei conta de quantas vidas humanas podemos mudar. A situação foi a mesma com o podcast. Sim, eu sei, já há muitos. Eu, contudo, sem perguntar a ninguém, comprei o equipamento e comecei. E o que aconteceu? Disparamos na hora para o primeiro lugar na categoria de negócios! A regra de ouro é: não conversar nem discutir, mas fazer. Com as palestras e os produtos movemos milhões de euros. Quem deveria dar permissão para isso? O universo, seus pais, seus amigos? Faça com que seu sucesso nunca dependa de outras pessoas, pois assim você só tem a perder. Se eu tivesse dado ouvidos a todas as histórias que me eram contadas de todos os lados, eu estaria até hoje observando a vida a partir do banco de reservas.

Para te dar diariamente o pontapé necessário, quero compartilhar com você a minha "declaração" pessoal. Leia e releia estas linhas sempre para programar o seu subconsciente para o sucesso — o melhor é que você esteja de pé, com a mão sobre o coração e fale alto:

- Eu sou um vencedor.
- Eu sou autêntico.
- Eu acrescento valor à vida de outras pessoas.
- Eu sou o suficiente.
- Eu sou amado.
- Eu sou um vencedor.
- Eu busco crescimento.
- Eu dou 100% de mim em tudo o que faço.
- Eu sou um solucionador de problemas.
- Eu faço o que amo.
- Eu sou um vencedor.
- Eu dou em troca.
- Eu motivo outras pessoas.
- Eu inspiro outras pessoas.
- Eu confio na minha voz interior.
- Eu sou um vencedor e amo a minha vida.

O ambiente e seu
crescimento

No caminho para o desenvolvimento pessoal, numerosos perigos estão à espreita, e o maior está profundamente enraizado em você. Um dos exercícios mais difíceis consiste em lidar com as opiniões e os comentários de outras pessoas. Todos queremos ser amados e respeitados, e precisamos sobretudo de atenção e reconhecimento pelo que fazemos. É frequente que busquemos ambos em nosso ambiente e, depois de frequentar um seminário ou de adquirir conhecimentos novos de um livro, nos espantemos com as reações de amigos, parentes e colegas. É frequente que riam do que fazemos ou nos tirem completamente o reconhecimento. Se você, por exemplo, estava bem bebendo até cair toda semana — mas agora não quer mais pular de bar em bar com os seus companheiros de copo —, qual reação espera deles? "Achamos incrível que você está começando a viver o seu sonho"? É possível que você espere por essa afirmação por muito tempo, pois seu ambiente vai tentar com todas as forças te puxar de volta para modelos antigos. Isso pode acontecer mesmo nas famílias mais próximas.

Um exemplo: há algum tempo, recebi uma ligação que realmente me inquietou. O pai de um jovem participante das minhas palestras gritava comigo — me perguntando o que é que eu tinha na cabeça incutindo caraminholas na cabeça de seu filho. Tentei saber mais e o homem, tremendo de raiva, contou da mudança de sua prole desde que visitou a minha *Masterclass of Personality*. "É uma covardia", disse, "falar de sonhos de vida", uma vez que ele acabara de arranjar para o filho um cargo de aprendiz na sua empresa, onde ele decerto pode trabalhar pelos próximos vinte anos. E agora o filho quer virar artista. "Mas que atividade sem lucro", exclamou ainda o homem e, cheio de raiva, desligou.

Essa ligação ocupou meus pensamentos por muito tempo. O pai ama o seu filho, sem dúvida, caso contrário ele não teria ficado tão emotivo. Só quando algo é muito importante para nós é que deixamos os ânimos realmente se exaltarem. Por outro lado, a ligação tinha também uma razão muito triste. Quando alguém começa a crescer interiormente e alcança resultados mensuráveis na sua vida, frequentemente surge nas pessoas à sua volta, de repente, medo — o medo de não ser suficiente para o outro. Esse sentimento eu sinto até mesmo nos pais, que no fundo querem apenas o melhor para os seus filhos. Se o filho, no entanto, se torna muito bem-sucedido e ultrapassa os pais, a relação pode desmoronar. Bem como no caso do pai enfurecido ao telefone.

Uma coisa é especialmente importante para mim: certifique-se sempre de ser sensível. Pare de dar sermão, siga o seu caminho e deixe que as outras pessoas sigam o delas. Eu próprio cometi no passado muitos erros nesse aspecto e, por meio de meu comportamento irrefletido, perdi pessoas que eram importantes para mim. Eu queria convertê-las, me tornei arrogante e comecei a perder o tino. Eu era simplesmente duro demais na minha escolha de palavras e por muito tempo não conseguia entender por que nem todo mundo queria fazer o melhor da sua vida. A realidade é outra. A muitas pessoas simplesmente falta a força de ler livros que as forcem a pensar sobre si mesmas e sobre suas decisões.

Eu próprio parei de trabalhar como coach no meu ciclo de amigos e conhecidos; agora só ajudo quando solicitado. Por quê? Eu quero que as pessoas à minha volta se sintam bem e não tenham a sensação de que precisam provar algo a mim ou a si mesmas. Eu simplesmente faço muitas perguntas e procuro pelos aspectos positivos na vida da pessoa que está à minha frente em vez de avaliá-la. No Natal, gosto de dar como presente livros que consigam abrir uma porta para o mundo do desenvolvimento pessoal; quando então recebo um feedback positivo de alguém, eu sorrio e gosto de convidar a pessoa para as nossas palestras abertas ao público. E as reações a isso são muito positivas. "Por que não comecei a pensar sobre esses temas antes?" é uma afirmação típica. E penso comigo: porque é agora que você está aberto, meu amigo: bem-vindo ao meu mundo.

O aquário mágico

Quando eu era jovem, recebíamos, uma vez ao ano, a visita do meu tio, vindo dos Estados Unidos — um homem alto, troncudo, de barba cinza e personalidade amigável. Ele era a estrela da nossa família. Quando jovem, ele havia deixado a Alemanha, tornou-se milionário em Nova York e era um mestre na narração de histórias, que frequentemente giravam em torno de pessoas bem-sucedidas. Algumas gravamos em fita e ainda ouvimos hoje em celebrações familiares. Ainda me lembro bem de como ouvíamos fascinados as suas palavras quando ele falava sobre o grande mundo. Ele gostava de ler livros sobre desenvolvimento pessoal e reconheceu cedo o poder da psicologia positiva.

Para nós, crianças, meu tio sempre tinha lições de todo especiais. Ele frequentemente nos visitava no Natal. O abeto brilhava na sala de estar e estava com cheiro de uma boa comida caseira alemã, pela qual meu tio ansiava o ano todo. Eu também ficava sempre muito animado, pois ele sempre nos trazia presentes especiais, diferentes dos que todos os meus amigos recebiam.

Lá estava eu, um rapazote de cinco anos, em frente ao abeto na véspera de Natal e olhava — enquanto cantávamos as músicas obrigatórias — para um pacote com o meu nome. Finalmente pude abri-lo e meus olhos começaram a brilhar enquanto imaginava que, em poucos segundos, estaria segurando em mãos um carrinho de controle remoto ou algo igualmente espetacular. Rasguei o papel e encarei, sem entender, o conteúdo do presente: um aquário para crianças. Olhei para cima, diretamente para os olhos do meu tio. Antes que pudesse reclamar a plenos pulmões, ele disse: "Tobi, você nunca vai receber de mim os presentes que você quer, mas apenas aqueles que te levam para frente na vida". Não entendi absolutamente nada e estava decepcionado.

No dia seguinte, fomos juntos à cidade para comprar um peixe numa loja de animais. Meu tio me contou que já estava na hora de eu assumir responsabilidade por algumas coisas na vida, e um peixe era o primeiro passo para isso. Todo dia depois da escola eu deveria alimentá-lo e, se qualquer coisa me saltasse aos olhos, eu deveria ligar para o meu tio nos Estados Unidos e falar com ele. Foi assim que o peixe dourado Horst se mudou para a nossa casa. Eu o visitava bravamente, todos os dias, para saber se estava bem. Depois de alguns dias, no entanto, perdi a vontade e minha mãe passou a cuidar do nosso peixe, alimentá-lo e trocar a água.

Chegou o verão, e a escola começou. Um capítulo decisivo na minha vida. Já na primeira série, percebi como tinha dificuldade de me adaptar a um sistema, e me rebelei contra a minha professora, que me dizia diariamente que eu era burro. Todo dia eu voltava da escola para casa triste, chorava muitas vezes, e meus pais estavam bem desnorteados. Chegou o outono, depois veio o inverno — e assim se aproximava a visita anual do meu tio. E lá estava eu à janela, esperando ansiosamente por ele e suas histórias.

Dessa vez, ele tirou um pacote especialmente grande da mala. Ele ficou por alguns dias sob a árvore de Natal e eu mal podia esperar para abri-lo. Agora meu pedido devia ter sido ouvido! Eu já me imaginava brincando com o novo carrinho de controle remoto. Enquanto desembrulhava o presente, meu tio pôs-se atrás de mim e disse: "Não se esqueça, Tobi, de que de mim você só recebe presentes de que precisa para a sua vida, e não aqueles que deseja".

Sem entender, encarei o conteúdo do pacote: um aquário! Maior, mais colorido e cheio de apetrechos. Bati irritado os pés no chão e reclamei a plenos pulmões. "Você sabe que eu já tenho um aquário e o peixe só fica nadando para lá e para cá!"

Lágrimas de decepção começaram a escorrer pelo meu rosto. "Venha comigo", disse meu tio. Fomos para o meu quarto, nos sentamos na cama e conversamos. Ainda hoje — mais de 34 anos depois — lembro bem dessa conversa. "Seus pais me disseram que você tem problemas para se adaptar na escola. Também foi assim comigo por muito tempo. Eu tinha até mesmo problemas para me adaptar aqui na Alemanha, meu jovem. Foi por isso que me mudei para Nova York. Lá tudo é maior, mais colorido e cheio de possibilidades." Só muito mais tarde vim a entender o que ele quis dizer naquele momento, pois já estávamos no meio de uma das lições mais importantes da minha vida. Então construímos o aquário grande no meu quarto, e ouço ainda hoje a voz do meu tio: "Agora me ouça com atenção, Tobi. Horst está se mudando para uma casa muito maior e mais espaçosa. Cuide do peixe; você precisa aprender a assumir responsabilidade por outras pessoas. Todo dia, quando chegar da escola, cheque rapidamente o Horst e, se algo te saltar aos olhos, ligue para mim em Nova York".

Os dias e semanas passavam e todos os dias depois da escola eu checava o meu companheiro de quarto. E um dia algo de fato me saltou aos olhos: Horst havia claramente crescido! Fui para a sala de estar e disquei o número do meu tio nos Estados Unidos. Contei-lhe da minha descoberta, e ele disse: "Tobi, preste atenção. Tudo no mundo está programado para crescer. Nós, no entanto, nos adaptamos ao nosso ambiente e ao nosso lar. Horst não conseguia crescer num aquário pequeno, mas agora ele tem espaço para se desenvolver. Sempre que você perceber em sua vida que seu aquário está ficando pequeno demais, pule para um aquário maior. E quando você perceber que é o maior dos peixes, pule fora mais uma vez e vá a um local que tenha ainda mais espaço".

Não entendi nem uma palavra, mas a última imagem da conversa mexe comigo até hoje: "Qual é o maior ser vivo na água, Tobi?" "A baleia", respondi. "Certo, meu amiguinho, e ela mora nas imensidões do oceano, pois ela tem espaço lá." Essa viria a ser nossa última conversa, pois meu tio faleceu ainda no mesmo ano, e só muito mais tarde vim a entender o significado das suas histórias. Ele se interessava pelo meu crescimento pessoal e não por um entusiasmo passageiro com um carrinho de controle remoto. Os aquaristas e especialistas em peixes vão agora dizer que é impossível que Horst tenha crescido — mas foi assim mesmo!

O paraquedas

Imagine que você, munido de um paraquedas nas costas, está na escarpa de um monte gigantescamente alto. Você olha para baixo e mal consegue distinguir o vale. Medo e dúvida começam a crescer em seu corpo — seu abdômen se contrai, sua boca fica seca e você está com um nó colossal na garganta. Todo o seu corpo começa a tremer e, agora, também sua voz interior se faz perceptível: "E se o paraquedas não abrir?" "E se eu me machucar no salto e colidir com a parede rochosa?" Então surge uma outra voz, que é de início bem baixinha e incompreensível — a voz que diz para você: "Você precisa saltar". Por tantos anos essa voz foi reprimida. Outras pessoas tentaram te diminuir, te obrigaram a fazer coisas que não se encaixavam na sua vida. Delas vieram as muitas sugestões e frases negativas que fizeram com que a sua criança e a sua chama interior se tornassem cada vez mais mansas e fracas, por exemplo:

— Você não consegue fazer isso!
— Mais vale um pássaro na mão do que dois voando!
— O que é que te faz tão especial para que pense que vai quebrar paradigmas?
— Você é alto demais, baixo demais, gordo demais, magro demais, velho demais, jovem demais, sedentário demais.

Todas essas frases zunem como um enxame de vespas pela sua cabeça. Aí acontece algo mágico. Você pega toda a tristeza e a dor da sua vida e transforma esse sentimento em força e fúria. Cada músculo do seu corpo, cada fibra, cada célula estão agora prontos para o salto da sua vida. Você dá um passo à frente e respira fundo mais uma vez. Você ouve, bem de longe, os avisos de todos aqueles que estão no caminho e lamentam, sob o fardo de pesadas mochilas, o quão difícil é a descida. Mas sua força interior é maior: sua criança interior acaba de romper as amarras nas quais precisou sofrer por anos a fio. Ela não está mais disposta a diminuir-se. Ela derrubou as paredes de concreto, e a sua chama agora arde forte. Ela fica cada vez maior e, nos seus olhos, arde o desejo de fazer de sua vida uma obra-prima. Como uma bola de fogo, unem-se essas forças que — assim te parece — criaram tudo o que conhecemos. Você vence a última dúvida e salta.

Você corre em direção ao abismo antes de cometer o erro. Você não tinha imaginado, nem com toda a boa vontade do mundo, que isso fosse acontecer assim. Em vez da alegria que você estava esperando, é o vento que te atinge e lança contra as rochas pontiagudas. Você bate com a perna, sangra, grita de dor e deseja que nunca tivesse saltado. Mas a queda livre ainda continua. Enquanto o mundo passa correndo por você, você fica com medo da própria coragem. Você percebe que nessa altura não há ninguém perto que possa te pegar. E mais uma vez você bate contra a dura parede rochosa.

Você grita, põe tudo em dúvida — e de repente ouve um barulho alto e é puxado para cima por uma mão mágica. Seu paraquedas se abriu. Você está voando! Esse é o voo da sua vida. A natureza se põe a seu serviço, e o vento, que acabara de te causar tanta dor, provê agora sustentação. Você está flutuando e vê, de repente, a maravilhosa paisagem de uma outra perspectiva. Ao seu lado, uma águia traça seus círculos e te lança um rápido olhar, de igual para igual. E aí está ele, de repente, esse sentimento pelo qual você buscou por tantos anos. Você está livre, feliz e cheio de força. "Flow" é o nome que os especialistas dão a isso. Desfrute dessa nova força, pois você pode perdê-la num estalar de dedos. Esse é o salto da sua vida. Ninguém pode nem vai te ajudar a realizá-lo. Nem seus pais, nem o Estado, nem seus amigos, nem seus parentes — e sobretudo não aqueles que não saltaram.

É por isso que te suplico: tanto faz quantos anos você tem, tanto faz quão grande é o seu medo, salte uma vez na sua vida. Pergunte a todas as pessoas que ousaram fazê-lo, e elas vão te contar, com um sorriso, o que aconteceu com elas e a sua vida depois do salto.

Você não é um acaso

É provável que, depois deste capítulo, você me julgue um completo maluco, um iluminado ou simplesmente um sonhador. Mas talvez haja alguma verdade na ideia de que não há acasos na vida e que tudo segue algum plano.

Nas minhas palestras, gosto sempre de começar com exemplos simples e fantásticos do reino animal para depois criar uma relação conosco, seres humanos. Há aí a história da abelhinha, que vê a luz do mundo num canteiro e sempre segue o seu destino. Seu destino? No caso de insetos, tudo está predeterminado geneticamente; sem que tenha vontade própria, a abelha apenas segue o seu plano. Toda manhã ela deixa a colmeia à procura das mais belas flores da região. E ela tem sorte. O prado florido mais próximo não é distante e, uma vez lá, ela voa ansiosa de flor em flor. Por que ela faz isso? Disso a nossa abelha não sabe. Ela simplesmente leva, todos os dias, pólen para casa, que a sua família vem então a transformar em mel.

Em suas patas, nossa abelha tem pequenos ganchos farpados em que os polens ficam grudados. Será que ela sabe disso? Não, ela simplesmente segue o seu destino. Fato é que ela sabe ainda menos que seu voo, supostamente despropositado, em verdade possibilita todo o nosso ecossistema e, assim, a vida na Terra. Ela abre suas asas e simplesmente sai voando, todos os dias. Será que isso é mesmo um acaso? Os ganchos farpados, os polens, a polinização e o nosso ecossistema? Mas muito mais interessante é esta pergunta: qual é seu trabalho no plano universal? Eu, pessoalmente, não acredito em acasos — se as abelhas já conseguem fazer uma contribuição tão grande em nosso mundo, então o que nós podemos alcançar se, enquanto pessoas conscientes, finalmente rompermos nossas amarras mentais?

MINHA PERGUNTA PARA VOCÊ: O QUE VOCÊ ACHA FÁCIL, E O QUE VOCÊ FARIA SE NÃO PRECISASSE GANHAR DINHEIRO? SOBRE QUAIS PRADOS FLORIDOS VOCÊ VOARIA?

....
....
....
....
....

O QUE VOCÊ AMAVA DURANTE O SEU TEMPO DE ESCOLA?

....
....
....

....

....

....

Nas minhas palestras, perguntam-me frequentemente como podemos encontrar a nossa missão de vida, e a resposta a isso é bem fácil. Parando de procurar nossa felicidade no mundo exterior, e nos entregando à busca no mundo interior. Nosso sistema de navegação interno — ou, melhor dizendo, nosso subconsciente — tenta, desde a manhã até a noite, nos lembrar na forma de sensações o que devemos fazer ou deixar para lá. Ao mesmo tempo, influências externas agem sobre nós, e somos bombardeados com conselhos supostamente bons. Todos os grandes mestres fizeram simplesmente o que a sua voz interior lhes disse. Devemos imitá-los — e já se abrem todas as portas da vida, e nos encontramos num mundo até então desconhecido.

Você acredita de verdade que Thomas Edison pediu permissão para inventar a lâmpada? Acaso Bill Gates e Marc Zuckerberg pediram bênção para seus planos na reunião familiar ou ligaram para uma empresa de computadores? Ninguém pode te ajudar nem ser um bom conselheiro para você. Os ganchinhos que você tem na perna são tão individuais que só há uma prova de que você está conectado com tudo: o seu sucesso!

Sua voz interior é, a propósito, ao mesmo tempo seu maior inimigo, porque o que ela mais deseja é te refrear de aventuras e saber que você está seguro. Por quê? Porque todo o nosso organismo sempre esteve programado para a sobrevivência e a segurança, e o abandono da caverna era, à época de nossos antepassados, punido com reações severas — medo e pensamentos de fuga. Isso, no fundo, ainda é assim, pois assim que você está diante de um grupo e compartilha a sua ideia de vida, você começa a suar, a se sentir mal e fica, só por causa do nervosismo, com manchas vermelhas no rosto.

Eu vivenciei no próprio corpo como é defender as próprias ideias. Acredite em mim, meu caso não é diferente do seu. Eu tenho medos, sou inseguro e tenho zilhões de noites em claro no currículo. Foi especialmente quando juntei a coragem para dizer o que penso e aonde quero chegar que estive exposto à fúria tempestuosa da multidão. Muitos amigos não entenderam até hoje que eu só vim a descobrir a minha paixão aos meus vinte e poucos anos e não quero mais ir a boates para festejar, para anestesiar minha dor com álcool. "Quem você realmente acha que é?" e "Quem é que vai te ouvir?" são frases que ouvi com frequência à época. No entanto, em vez de deixar que isso me puxasse para baixo, usei esse espinho em minha alma como propulsor. O que ao fim e ao cabo conta não são os agouros do seu ambiente, mas apenas o que você alcança.

Sempre me ajuda muito viajar às áreas de influência de grandes personalidades para observar o ambiente e sentir a energia do local. Sou especialmente grato pelas minhas viagens à Calcutá, onde ajudei nos orfanatos da Madre Teresa; ela é, para mim, uma das grandes superestrelas da nossa história. Em vez de aceitar o status quo e lamentar os pobres, ela simplesmente construiu abrigos e ajudou as crianças de rua.

Precisamos ouvir com muito mais frequência ao nosso inerente sistema de navegação, pois a nossa intuição é a melhor guia pela nossa vida. Se animais sentem intuitivamente catástrofes naturais que se aproximam e se comportam adequadamente, você também pode se deixar guiar pela sua voz interior. A triste verdade é que muitas pessoas paralisaram por completo a sua voz interior consumindo álcool, nicotina ou outras drogas.

**DIAMANTES NASCEM
SOB PRESSÃO**
Assim como você!

Você já sabe: na natureza, nada acontece por capricho. Tomemos como exemplo uma grande árvore que está há mais de 100 anos numa floresta. Em algum momento ela cai, porque o mau tempo não lhe fez bem. Ela foi embora? Não, o exato oposto. Ela apodrece e, pedacinho por pedacinho, é levada pela natureza para baixo da terra; sob grande pressão, nasce, em algum momento, algo totalmente novo: carvão. E se ainda mais pressão é aplicada ao carvão, nasce um diamante. Formulando de forma mais geral: cada micropartícula que se expõe à pressão exterior não mais consegue, em algum momento, suportar a pressão, e disso nasce algo novo.

Essa fórmula simples mudou a minha vida por completo, e eu me entrego deliberada e repetidamente a situações em que a pressão seja demasiado alta para que algo novo, maluco e criativo possa nascer mais uma vez. O que isso tem a ver com você e a sua vida? A maioria das pessoas que conheço tentam o dia todo evitar dor e pressão, porque têm medo de que algo lhes possa acontecer. Eu acredito que precisamos entrar na tempestade para conseguirmos içar corretamente as velas da vida, pois só em alto-mar é que capitães aprendem como um navio, mesmo sob as circunstâncias mais adversas, se mantém em curso. É por isso que participo com tanta frequência de palestras que me levem aos meus limites pessoais. Há dois anos, por exemplo, num workshop na Malásia, tive que, de olhos vendados, me esquivar de um lutador — o objetivo era que eu aprendesse, dessa forma, a confiar na minha intuição. Eu antes ficava com um verdadeiro pavor e mãos molhadas de suor, mas então senti no próprio corpo o quão incrivelmente poderoso é o nosso compasso interno. Quando você testa os seus limites, precisa estar preparado para uma coisa: no momento em que os hormônios inundam o seu corpo, a sua inteligência desaparece radicalmente e você não mais consegue pensar logicamente. Resumindo: emoções sobem — inteligência desce; esteja pronto.

Na minha vida houve diversas situações em que tive a sensação de não mais conseguir suportar a pressão externa. Antigamente, eu supunha viver num planeta da felicidade, mas então tomei conhecimento de que havia chegado numa grande aventura, em que só posso influir de forma limitada. Neste planeta desafiador, trata-se de descobrir tudo o que se esconde em nós.

EM QUAIS SITUAÇÕES NA SUA VIDA VOCÊ MAL CONSEGUIU AGUENTAR A PRESSÃO?

....

....

....

....

....

....

O QUE RESULTOU DISSO?

....

....

....

....

....

....

O Dalai Lama e o grande mimimi

Há algum tempo, o Dalai Lama fez uma audiência no ginásio *Jahrhunderthalle* de Frankfurt, e eu pude estar presente. Estava muito inspirado por sua presença e, como gosto de pensar fora da caixa, ele já me fascinara no momento em que sugeriu que o melhor seria realocar a sede da OTAN para Moscou.

O melhor veio, no entanto, durante a sessão de perguntas. A primeira já trouxe um soco no estômago: pediram ao Dalai Lama que rezasse pelas pessoas. Sua resposta a esse pedido me deixou muito impressionado e, ao mesmo tempo, fez com que eu tivesse ainda mais certeza do que achava. Ele refletiu rapidamente e respondeu: "Sim, posso rezar, mas isso não serve nem nunca serviu de nada". O público estava bastante perplexo. Em seguida, o Dalai Lama contou uma história: numa certa região, a economia começou a prosperar depois de uma visita sua. Anos mais tarde, ele voltou lá e o governador agradeceu-lhe por tudo o que havia desencadeado por meio de suas rezas. Nesse momento, o Dalai Lama começou a rir como uma criança e disse: "O governador e seu povo fizeram tudo. Eu meramente garanti que eles próprios acreditassem que podiam fazê-lo".

Aí veio a minha parte favorita: uma mulher pegou o microfone — seu rosto estava claramente marcado por desgosto, e ela começou na hora a reclamar de seu sofrimento para a Sua Santidade.

Ela tinha em seu passado três casamentos que acabaram em divórcio, dois negócios que fracassaram e diversos problemas de saúde, dentre os quais uma brotoeja sob o joelho direito que sempre voltava. Ela reclamava e reclamava. O Dalai Lama suportou a verborreia por algum tempo, inspirou profundamente e disse: "Mimimimi, próximo". De longe a melhor coisa que eu ouvia em anos. Sua Santidade claramente não estava com vontade de dar ouvidos às lamentações e às reclamações num dos países mais ricos do mundo. Ao passo que em muitas regiões a guerra domina, pessoas passam fome e o mar está contaminado com lixo plástico, essa senhora, que tinha apenas alguns segundos com um dos homens mais sábios do mundo, falava sobre a sua brotoeja? Eu realmente não senti pena alguma e me levantei aplaudindo. Aqui eu estava, contudo, quase que completamente sozinho, pois a maioria das pessoas na sala sentiram pena da senhora. Enquanto você reclama, outros salvam o mundo, pensei à época — mas, por outro lado, meu coração me disse que ela provavelmente não conseguiria fazer nada por sua visão limitada do mundo, pois, em sua realidade, ela só falou daquilo que a oprimia.

Na natureza, tudo está em harmonia, e os animais não precisam nem de Qigong nem de terapia de som para recobrar o balanço. Eles simplesmente vivem, estão conectados com todos os outros organismos e seguem o grande plano da natureza. Imagine que todos os animais, acometidos de estresse e sinais de esgotamento, fossem de repente ao médico e começassem a reclamar de seu sofrimento para ele. A lebre no prado não faz os cinco ritos tibetanos antes de sair para correr — ela não tem tempo para isso. O pássaro também não se senta deprimido sobre o galho e fala ao seu companheiro: "Talvez eu não voe, não estou a fim hoje". Se você sempre precisa de estímulos externos, provavelmente parou de dar ouvidos ao seu interior. Uma possibilidade para mais felicidade e sucesso poderiam ser gratidão e humildade.

Para tanto, há um bom exercício que recomendo com fervor: escrevi a seguir para você algumas coisas pelas quais eu sou grato e peço que você anote tudo aquilo por que você também é. Quando não estou bem, leio toda a minha lista da gratidão e, no mais tardar depois dez palavras, lágrimas de gratidão escorrem pelo meu rosto.

— Clima
— Saúde
— Família
— Vizinhos
— Dinheiro
— Outras pessoas

— Transporte público
— Comida
— Serviço público
— Servidores públicos
— Internet
— Tecnologia

1
2
3
4
5
6
7
8
9

10 ....

11 ....

12 ....

Caso você não consiga pensar em muitas coisas pelas quais seja grato, aqui vão mais alguns lembretes:

- Amigos
- Ver
- Ouvir
- Saborear
- Cheirar

- Dançar
- Dentes
- Flores
- Escova de dentes etc.

Minha viagem
para o interior

Durante o meu tempo no Brasil, conheci muitas coisas malucas e, se há um centro de energia no mundo, este fica sem dúvida na América do Sul. Lá também ocorreu uma história que até agora só contei aos meus mais próximos confidentes. Numa vila de montanha ao sul do país, pela qual só passava um ônibus a cada quatro dias, eu morava com a família de um amigo, quando, de repente, alguém bateu à porta no meio da noite. Dei um sobressalto e esperei que os meus anfitriões abrissem a porta. Como eu à época ainda falava pouco português, ouvi meramente uma voz masculina profunda que continuava a mencionar o meu nome. Eu disse a mim mesmo interiormente que deveria tratar-se de uma confusão, pois eu não conhecia ninguém lá e ninguém me conhecia.

Era ao menos o que eu pensava. A voz pediu-me que saísse do quarto; à mesa da cozinha estava um homem vestido em pele, e nos cabelos estavam galhos unidos sobre a cabeça como um tipo de coroa. Esse homem impressionante era um indígena, o xamã da região. Ele me tomou pelo braço e começou a falar; completamente perplexo, ouvi atento a tradução de meu amigo igualmente surpreso.

O xamã disse estar feliz por eu estar finalmente lá, pois ele já estava me esperando por um bom tempo. Ele se certificou de que eu era o Tobi, da Alemanha, e, quando anuí, ele se voltou diretamente para mim: "É provável que você esteja assustado, mas não precisa ter medo, pois eu só vim para te dizer que tudo vai ficar bem. Seus primeiros anos de vida foram duros e você foi envergonhado, não conseguiu lidar com hierarquias e não sabe que carreira deve seguir mais para frente, pois acredita que não consegue fazer absolutamente nada. Você se lembra do pediatra que disse à sua mãe que ela não precisava se preocupar se você não conseguisse lidar com o sistema clássico?". Boquiaberto, sacudi a cabeça e ele prosseguiu: "Minha missão é te dizer que você, um dia, falará diante de milhares de pessoas e não terá problema algum com isso. Você vai escrever livros, levar alegria para as pessoas e fazê-las crescer. Assim como eu faço aqui, numa escala menor. Somos irmãos".

Eu estava completamente arrebatado com a situação, mas lembrei-me vagamente da visita que minha mãe desesperada e eu fizemos a um médico — ela queria, à época, que ele lhe dissesse se estava tudo bem comigo. O médico a acalmou e falou que eu um dia estaria diante de muitas pessoas e falaria a elas. Antes, eu estava firmemente convencido de que tudo na vida era acaso, mas será que isso é realmente verdade? Quando você reflete sobre a sua vida até aqui: houve situações em que outras pessoas quiseram te pôr no seu caminho e você próprio — vendo hoje, em retrospectiva — provavelmente ainda não estava pronto para percebê-lo com clareza?

Se você leu até aqui, eu gostaria de te dar mais uma porta para os meus professores espirituais. Você já sabe, nesse meio-tempo, que essa parte pertence à nossa roda da vida tanto quanto os outros domínios. Em minha viagem espiritual, encontrei apoio, entre outros, em Laura Seiler, que com seu livro e seu podcast me ajudou diversas vezes a entrar em mim mesmo. Uma outra recomendação são Bahar Yilmaz e Jeffrey Kastenmüller, cujas palestras já pude frequentar. O que aprecio especialmente em ambos é o seu jeito de não levar tão a sério a cena espiritual e abordar todo o tema de forma viva e moderna. Há também na minha vida Ellen Michels, que tem o fantástico dom de vibrar incrivelmente alto. Ao fim deste capítulo, quero te deixar fazer parte de mais uma coisa em que acredito: dentro é como fora e fora é como dentro. Comece arrumando o seu interior, e logo você verá, de súbito, grandes mudanças no exterior.

**OS RASTROS
DO PASSADO**
Ouro puro

Uma das principais razões por que as pessoas não conseguem ser bem-sucedidas é o seu passado. Eu já ouvi isso com muita frequência em minhas palestras. Aqui se trata, por exemplo, de histórias em parte realmente brutais da infância. Há alguns excelentes exercícios para finalmente romper com o que já passou. Muito mais importante é, contudo, também aqui a atitude com relação ao que já sucedeu na sua vida.

Uma forma especialmente boa de lidar com isso eu aprendi com a família que me hospedou em Tóquio, onde tentei aprender japonês há mais de vinte anos. O "pai" que me hospedava (*Oto-san*) cultivava bonsais e passava horas a fio ocupado com essas plantas, que necessitam de muitos cuidados. A "mãe" que me hospedava (*Oka--san*) era mestra de cerimônias de chá, e fui introduzido à paciência e aos costumes muito antigos. Impressionaram-me especialmente os preciosos potinhos de chá feitos de fina porcelana, todos pintados manualmente. Se um desses potes quebra, ele não é jogado fora, como é comum na nossa cultura. Ele é colado novamente com ouro. Assim nascem novas preciosidades com linhas maravilhosas, e cada potinho é algo único. Dessa forma, os japoneses destacam a beleza de coisas quebradas; eles acreditam que o que foi outrora quebrado se tornou ainda mais valioso. Eles acreditam que, se algo sofreu danos e tem uma história, esse algo se torna tanto mais bonito.

O mesmo vale para pessoas. Tudo aquilo por que você passa não faz da sua vida pior ou mais feia, embora talvez possa parecer assim. Cabe a nós pintar e fazer nossas cicatrizes e lágrimas, com ouro, belas novamente. Você não foi, para permanecermos na metáfora, quebrado para sempre, mas consertado com ouro e, ao fim, enobrecido. O ouro representa os seus amigos e a sua família, que mesmo nos tempos mais sombrios estão sempre lá para você. Os estilhaços são as suas experiências dolorosas do passado, o pote é a sua vida.

Você pode recompor-se, aprender do que passou e, por meio disso, tornar-se um ser humano melhor — exatamente por causa de todos os esforços e todas as dores por quais passou. Ainda melhor, você pode tornar-se um caminho luminoso, um farol para outras pessoas, para que elas não precisem passar pela mesma coisa. Você pode carregar as suas cicatrizes com orgulho e como uma insígnia de honra, e você pode dizer: "Veja tudo isso por que passei, fez de mim o que sou hoje. Consigo enfrentar qualquer desafio".

Ninguém jamais teve uma vida perfeita e ninguém jamais terá. Cabe a nós decidir se sofremos ou passamos a nossa experiência adiante para outras pessoas. Você não precisa se envergonhar do que aconteceu com você. Tudo tinha a sua razão. Nisto eu acredito fortemente: se eu, por exemplo, não tivesse passado tantos anos numa seita que me proibia o contato com o mundo exterior, eu não seria hoje tão consciente da minha missão. Embora eu tenha sofrido e minha vontade tenha sido anulada.

Fato é que quanto mais resistirmos, quanto mais reclamarmos e não aceitarmos o que nos aconteceu, tanto mais provável será que nosso caminho fique no escuro, pois todas as experiências estão profundamente enraizadas em nós. O momento em que começamos a aceitar tudo isso e encontramos o propósito — o que é agora útil para outras pessoas e coerente na nossa luta e toda a dor — pode ser muito salutar.

Transformamos algo que pode ser feio para nós em algo belo e inspirador para outras pessoas. Se aquilo pelo que você passou é uma inspiração para outras pessoas, toda a dor e o sofrimento valeram a pena. A cada capítulo do seu livro da vida é necessário um novo você, e você só consegue folheá-lo depois de reconhecer que também a ruptura foi importante para criar uma nova versão de si mesmo.

ANOTE QUAIS PARTES DA SUA VIDA PODEM, SE MERGULHADAS EM OURO, SER ÚTEIS PARA OUTRAS PESSOAS:

....

....

....

....

....

....

Permaneça no seu caminho

Você conhece esta frase ao fim de bulas de medicamentos? "Para os riscos e efeitos colaterais..." Este último capítulo é semelhante a isso. É que agora quero compartilhar com você mais um conselho importante: permaneça no seu caminho! Se você aplicar as dicas deste livro sistematicamente, isso mudará algumas coisas na sua vida. A frase que você mais ouvirá a partir de hoje é: "Você mudou completamente". E uma coisa eu te digo com muita clareza: mudanças são um problema para parasitas! O parasita vê uma catástrofe em mudanças. Ele quer que tudo permaneça como está.

Pessoas bem-sucedidas veem no futuro — e também na mudança — uma chance de crescerem. É frequente que se ouça em aniversários o voto "Permaneça como você é". Atenção: esses são votos de parasitas! É claro que essas pessoas não querem que algo mude. Mas, mais uma vez, um pequeno lembrete: você não nasceu para pagar as suas contas e então morrer. Se você continuar se diminuindo, se escondendo e tendo medo de tudo e de todos, isso não ajuda ninguém, muito menos você mesmo. Viva o seu sonho, meu amigo, e não os sonhos de outras pessoas, que se enriquecem com a sua energia e a sua força de trabalho.

Esse caminho será, no entanto, duro, muito duro. Há apenas uma pergunta que consegue mudar tudo na sua vida: você está disposto a pagar o preço? Você está disposto a pôr o seu ego em segundo plano, a se deixar lapidar e, em alguns anos, levar uma vida com a qual outras pessoas apenas sonham? Você nasceu para desfrutar da vida em todas as facetas. Esfolar-se em seus cantos e em suas arestas, para então brilhar em todo o seu esplendor. Minha dica para você é: aprenda a receber a afirmação "você mudou completamente" como um elogio. Quando duas pessoas vão de encontro uma à outra, ganha a que tem mais energia. Extraia, pois, energia dessa afirmação. Celebre os seus cantos e as suas arestas. Diamantes não são redondos. Acredite na vida e no fato de que tudo o que acontece a você deve servir para que você se lapide. Pense nisto: os mais belos diamantes são aqueles lapidados mais dispendiosamente. Então não deixe que te tirem do seu caminho. Confie em si mesmo, em sua força interior e na força que você extrai de toda e qualquer lição da sua vida.

O melhor que você pode fazer para si mesmo e o seu desenvolvimento é continuar tentando, focar nos seus objetivos e juntar pessoas ao seu redor que vibrem na mesma sintonia que você. Por que as pessoas falham? Porque elas não permanecem no seu caminho. Elas preenchem suas vidas com distrações, como por exemplo televisão, mídias sociais ou jogos de computador. Elas se anestesiam para não sentir a dor. Não participe disso! O que deveria te ocupar é a sua paixão. Passe tempo visualizando-a. Acaso algum desejo já te ocupou da manhã até à noite — ele estava sempre na sua cabeça e você simplesmente não conseguia se livrar dele? Isso acontece quando você está no caminho certo. Você está no fluxo, na sensação de estar apaixonado. Você acorda sem despertador e leva o dia repleto de alegria. Você segue, a cada segundo, exatamente aquilo que te faz arder; você decide sozinho o caminho que percorre. Cresça a cada passo e arda! Contagie, no seu caminho, outras pessoas com a sua energia e leve-as junto. Esse é o caminho que tomamos no começo deste livro — o caminho que todas as pessoas felizes e bem-sucedidas seguiram e continuam a seguir todos os dias. Você agora está andando em consonância com elas! Desejo que você se divirta muito nessa empreitada.

Bibliografia

BYRNE, Rhonda. *O segredo* (*The Secret*). São Paulo: Sextante, 2015.

HILL, Napoleon. *Denke nach und werde reich*. Munique: Ariston, 2005.

ROBBINS, Anthony: *Das Robbins Power Prinzip. Befreie die innere Kraft*. Berlim: Ullstein, 2004.

STRELECKY, John. *The Big Five for Life. Was wirklich zählt im Leben*. Munique: DTV, 2009.

YOUNG, William P. *Die Hütte. Ein Wochenende mit Gott*. Berlim: Allegria 2009.

Agradecimentos

Algumas pessoas, com a sua persistência, contribuíram para que eu, depois de semanas e meses, finalmente me sentasse para enfim pôr no papel o *Sua opinião foi ignorada com sucesso*. Em minha vida "normal", sou palestrante, não escritor. É por isso que este livro é ousado, não convencional e divertido. Tudo menos literariamente perfeito. Resumindo: Marcel Reich-Ranicki* provavelmente estaria se revirando no túmulo.

Este livro é embasado exclusivamente em quinze anos de experiência no ramo do desenvolvimento pessoal e da psicologia comportamental. Ele não reivindica, de forma alguma, ser factualmente correto.

Em primeiríssima instância, agradeço aos meus pais, que sempre acreditaram em mim, mesmo nas situações mais difíceis — por exemplo numa dúzia de mudanças de escola e na minha brilhante ideia de me tornar autônomo como comerciante de seda.

Agradeço à minha esposa Rita, que é meu grande amor, meu espelho e minha melhor amiga.

Agradeço aos meus dois filhos, Emil e Maya, que me mostraram o que significa ser uma família.

---

* Marcel Reich-Ranicki (1920-2013) foi um renomado crítico literário teuto-polonês. (N. T.)

Agradeço a Mira Giesen, especialista em webinars, que participou significativamente do esboço deste livro.

Agradeço a todos que acreditaram em mim.

Agradeço a todos que não acreditaram em mim e fizeram piadas dos meus sonhos.

Vocês me deram energia o suficiente para nunca me tornar um parasita. Isso merece um agradecimento extra!

FONTES Tiempos e Favorit
PAPEL Pólen Bold 70 g/m²
IMPRESSÃO Imprensa da Fé